改訂新版 パンの世界を知りつくした"パンの専門家"を目指す

パンシェルジュ検定 1級公式テキスト

総監修　ホームメイドクッキング

実業之日本社

はじめに

　この本をご覧になる皆さんは、これまでに3級の「入門編」から始まり、2級の「実践編」までパンに関する多くのことを学んでこられたことと思います。

　今回、いよいよ「専門編」となる1級に挑戦されるわけですが、パンシェルジュの資格はパンを作るプロや、売る人のための条件となるわけではありません。

　しかし、これまで身につけた歴史や市場、材料、作り方から発酵のメカニズムの知識、そして今回学ぶ経営やマナーまでの幅広い知識はパンシェルジュとしての素養を十分満たしてくれるでしょう。また、専門編としての1級はこれら知識・技術の総仕上げとして「おいしさ、楽しさを伝えるパンの伝道師」としての表現方法や姿勢をも学ぼうという段階です。

　そのため検定の要項も従来のマークシート方式だけでなく、レポートの作成という課題が設けられます。これまで学んだことを皆さん自身の言葉や文章などで表現することが求められるわけですが、テーマについては事前に通知もされるので、準備さえ怠らなければ合格は間違いなし。

　合格後の御活躍を期待します。

もくじ

第1章 パンと料理

第2章 パンと健康

第3章 パンづくりの工程　1級編

第4章 パンの未来学

本書の使い方

本書の構成

各章　テキスト

1級（マスター）の検定試験に出題される範囲をテーマごとにまとめています。

各章　練習問題

各章で学んだ内容の基礎的な問題。学んだらすぐに復習することで知識が身につきます。

各章　解答解説

練習問題の解答、その解説と該当のページも記載しています。

過去問題

これまでに1級（マスター）検定試験に出題された問題を80問掲載しています。

解答解説

過去問題の解答と該当のページを記載しています。

受験のヒント

1級（マスター）の受験資格は2級（プロフェッショナル）合格が条件です。この本の過去問題では1級に関する問題のみを取り上げていますが、検定においては3級（ベーシック）、2級レベルの問題も出題されることが想定されます。

また、テキスト本文だけでなく本書に掲載されているコラムや問題の解説からも出題される可能性がありますので十分に勉強し、理解することをおすすめします。

第1章
パンと料理

パンは食事の主役である料理の味を引き立て、
食卓を豊かにしてくれる名脇役です。

この章では、各国の代表的な料理と、
その料理に合うパンの組み合わせの一例を紹介しています。
この章にあげた組み合わせを参考に、皆さんもいつもの料理に、
どんなパンが合うか、自分でも考え、試してみましょう。

1 ✤ 主食としてのパン

料理と一緒に食べるパンを食事パンといいます。この章では世界の料理とパンのマリアージュについて考えていきますが、まず、最初に食事パンについて復習し、世界にどんな食事パンがあるかを見ていきます。

食事パンの役割

人間は活動するためのエネルギーのほとんどを炭水化物（糖質）からとります。食事では炭水化物を主食としてのパンやご飯、パスタなど食べやすい形で、副食である料理や飲み物と一緒にとります。主食の定義は明確とは言い切れませんが、多くの国や地域の食生活を通じて、人々が生きていくために一定量摂取する、ベースとなる食べ物のことをいいます。

食事には栄養摂取という一義的な目的以外にもさまざまな目的があります。個人や摂取する時間、あるいは民族などによって異なることもありますが、食べること自体を楽しんだり、コミュニケーションを円滑にしたり、生活のリズムを整えたりするなどの役割を果たしています。

パンは世界の多くの地域で食事に供される主食となっています。料理と一緒に食べるため、薄味で淡泊なものが多いとされています。

しかし、薄味といわれる食事パンもよく噛んで食べると小麦など材料本来のもつ味わいがあります。また食事パンはサンドイッチなどに調理したり、バターやディップなどをつければそれだけで軽食やおやつになります。一般に食事パンは最も親しまれてきたプリミティブなパンだといえるでしょう。

世界の食事パン

世界には気候・風土や食材、民族性や歴史などさまざまな要素によって数多くの料理があります。パンもまた、小麦やライ麦、酵母と塩、そして水というシンプルな組み合わせながら配合のバランス、調理方法の違いなどによって多くの種類があります。そして、これら料理とパンはバランスのよい関係性をもっています。世界にどのような食事パンがあるかを見ていきましょう。

図 1-1　世界の食事パンマップ

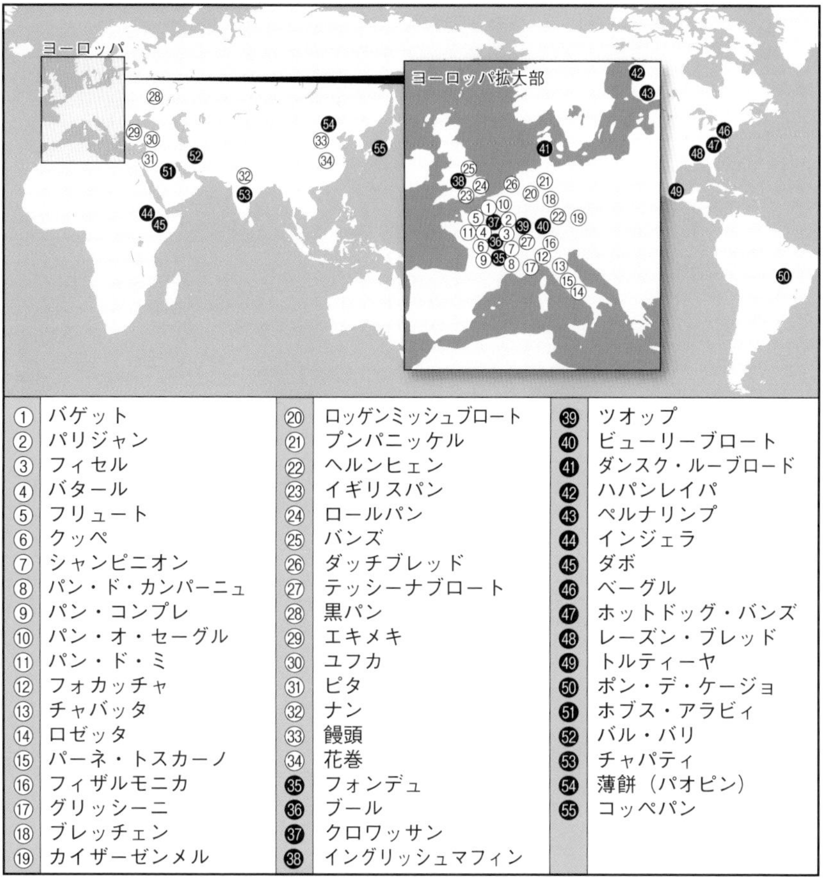

①	バゲット	⑳	ロッゲンミッシュブロート	㊴	ツオップ
②	パリジャン	㉑	プンパニッケル	㊵	ビューリーブロート
③	フィセル	㉒	ヘルンヒェン	㊶	ダンスク・ルーブロード
④	バタール	㉓	イギリスパン	㊷	ハパンレイパ
⑤	フリュート	㉔	ロールパン	㊸	ペルナリンプ
⑥	クッペ	㉕	バンズ	㊹	インジェラ
⑦	シャンピニオン	㉖	ダッチブレッド	㊺	ダボ
⑧	パン・ド・カンパーニュ	㉗	テッシーナブロート	㊻	ベーグル
⑨	パン・コンプレ	㉘	黒パン	㊼	ホットドッグ・バンズ
⑩	パン・オ・セーグル	㉙	エキメキ	㊽	レーズン・ブレッド
⑪	パン・ド・ミ	㉚	ユフカ	㊾	トルティーヤ
⑫	フォカッチャ	㉛	ピタ	㊿	ポン・デ・ケージョ
⑬	チャバッタ	㉜	ナン	(51)	ホブス・アラビィ
⑭	ロゼッタ	㉝	饅頭	(52)	バル・バリ
⑮	パーネ・トスカーノ	㉞	花巻	(53)	チャパティ
⑯	フィザルモニカ	㉟	フォンデュ	(54)	薄餅（パオピン）
⑰	グリッシーニ	㊱	ブール	(55)	コッペパン
⑱	ブレッチェン	㊲	クロワッサン		
⑲	カイザーゼンメル	㊳	イングリッシュマフィン		

白丸の番号は P12~31 に記載の、黒丸の番号はパンシェルジュ 2 級および 3 級公式テキストで紹介した主な食事パン(朝食も含む)とその国、地域を示しています。

2 西洋料理とパン

西洋料理はヨーロッパ、アメリカなどの西洋諸国で発達した料理を指します。ここでは日本でもなじみのあるフランス料理をはじめ、イタリア、ドイツ、イギリスの料理とパンのマリアージュを紹介します。

フランスの料理

【鴨のオレンジソース】

ローストした鴨ロース肉に、オレンジソースをかけた伝統的なジビエ料理※のひとつです。脂ののったジューシーな鴨肉と甘酸っぱいオレンジソースは相性がよく、古くから人々に好まれてきました。鴨肉は牛肉や豚肉に比べ、不飽和脂肪酸を多く含みます。脂肪の融点が低いため、口どけがよく、冷めてもおいしさが損なわれないという特徴があります。

鴨肉は皮がカリカリになるまで焼いてから裏返し、焼いた際に出た脂をかけながら火を通して肉のうま味を閉じ込めます。鴨にかけるオレンジソースは、砂糖やはちみつをカラメル状にし、オレンジ果汁とワインなどを加えて作ります。

しっかりとした味の料理なので、バゲットのほかに、ほのかな酸味を感じられるパン・オ・セーグル（ライ麦粉配合のフランスパン）などを合わせます。

※ジビエ料理：野生鳥獣の肉（ジビエ）を使った料理。主なジビエに、ウサギ、シカ、イノシシ、鴨、キジなどがあります。

①バゲット

⑩パン・オ・セーグル

鴨のオレンジソース

【ブイヤベース】

新鮮な魚介類をふんだんに使ったブイヤベースは、地中海に面し、温暖な気候に恵まれたマルセイユの名物料理です。

魚のアラとセロリやタマネギなどの香味野菜をブーケガルニ※とともに煮て、ベースとなるだし（フォン）をとり、魚介類やトマトを加えて煮込みます。魚介は主に、カサゴ、スズキ、アンコウ、ムール貝、アサリ、エビ、イカなどです。サフランを加え、香り高く色鮮やかに仕上げます。サフランは、アヤメ科の多年草であるサフランのめしべを乾燥させた香辛料で、水に溶かすと鮮やかな黄色になるため、料理の色付けや風味付けに使用されます。

ブイヤベースにはアイオリソース（すりおろしたニンニクに卵黄、オリーブオイル、塩を混ぜたもの）が添えられることが多く、スープに溶かしたりパンに塗って食べます。このアイオリソースはゆでたタラや野菜などにつけて食べることもあります。

魚介のうま味が凝縮されたスープには、バゲットやパリジャンなどのパン・トラディショネルやパン・ド・カンパーニュなどを薄切りにしたものが合います。ガーリックトーストにしてスープに浮かべ、十分にしみ込ませて食べたりもします。

※ブーケガルニ：タイム、ローリエ、パセリなどの香草類を束ねたもので、スープストックや煮込み料理などの風味付けに用います。

ブイヤベース

②パリジャン

⑧パン・ド・カンパーニュ

【鶏のフリカッセ】

フリカッセは、鶏や仔牛などの淡泊な肉をホワイトソースや生クリームで仕上げる煮込み料理です。

鶏モモ肉に小麦粉をまぶし、厚手の鍋でバターを熱し、焦がさないように焼き色をつけます。一度肉を取り出して、タマネギ、ニンジン、マッシュルームなどをローリエとともに入れ、ブイヨンで煮込みます。火が通ったら肉を戻して生クリームを加え、塩、コショウで味を整えます。ブイヨンを使わず、白ワインと生クリームで煮込むレシピでは、より濃厚に仕上がります。

まろやかな生クリームのコクが特徴のこの料理にはシャンピニオンやフリュート、全粒粉を使ったパン・コンプレなどを合わせます。

鶏のフリカッセ

⑦シャンピニオン　　　　⑤フリュート　　　　⑨パン・コンプレ

【ラタトゥイユ】

温かくても冷たくてもおいしく食べられるラタトゥイユは、南フランスの家庭料理です。ナスやズッキーニ、パプリカなどの野菜をオリーブオイルとニンニクで炒め、トマトを加えて煮込みます。ローズマリーやタイムなどのハーブを加えると、さらに味に広がりが出ます。水やブイヨンで煮込むのではなく、野菜から出る水分で蒸し煮にするのが特徴です。

野菜のうま味が凝縮されたラタトゥイユは、パンとの相性がとてもよい料理です。スライスしたパン・ド・カンパーニュやフィセルの上にのせて食べたり、ふわふわとしたやわらかい内相（クラム）が特徴のパン・ド・ミと一緒に食べたりします。

ラタトゥイユ

⑧パン・ド・カンパーニュ

③フィセル

⑪パン・ド・ミ

エスカルゴブリオッシュ

フランス料理として知られるエスカルゴは、ボイルしたエスカルゴのむき身とエスカルゴバター（バターにニンニク、エシャロット、パセリ、レモン汁を加えたもの）をオーブンで焼いたブルゴーニュ地方の料理です。
このエスカルゴをブリオッシュに詰めたエスカルゴブリオッシュは、前菜にもなるフランスではおなじみの料理です。日本でも冷凍されたものが販売されており、オーブンで温めるとエスカルゴバターが溶け出し、ブリオッシュにしみ込んで、コクと香りが広がります。

イタリアの料理

【 アクアパッツァ 】

あまり手を加えず、素材の持ち味を生かす調理法は、新鮮な食材が豊富なイタリアならではの特徴です。その代表ともいえるのが、ブイヤベースと並ぶ漁師料理のアクアパッツァです。

オリーブオイルでニンニクを炒めて魚を入れ、白ワインと水、塩を加えて蒸し煮にします。魚は切り身を使う場合もありますが、魚のアラからだしがよく出るので、スズキ、タイ、ホウボウ、メバルなどの白身魚を中心に、一尾まるごと使います。さらにオリーブやトマト、アサリやムール貝などを加えるとうま味が足されます。ドライトマトを使うと、程よい酸味と甘みが加わり、味に深みが出ます。

良質なイタリアの素材には淡泊な味のイタリアのパン、フォカッチャやチャバッタを合わせると素材のおいしさが引き立ちます。

アクアパッツァ

⑫フォカッチャ

⑬チャバッタ

【サルティンボッカ】

サルティンボッカは、イタリア語で「口の中へ飛び込む」という意味の料理です。ローマをはじめ、イタリア各地で食べられています。薄く伸ばした肉の上に、セージと生ハムをのせてオリーブオイルなどでソテーし、白ワインで仕上げます。セージは独特の強い香りと苦みがあるため、サルティンボッカ1枚につき、1〜2枚を使います。

肉は、脂肪が少なく、味も淡泊であっさりしている仔牛肉などが向いています。生ハムはプロシュットとも呼ばれ、豚肉に塩をすり込んで乾燥、熟成させたもので、産地によって味や風味が異なります。特に有名なのが、イタリアのエミリア・ロマーニャ州、パルマ産の生ハム「プロシュット・ディ・パルマ」です。芳香な風味と、まろやかな味が特徴です。

肉に生ハムの塩分とセージの爽やかな香りが加わるため、塩を抑えて味付けをします。また、好みで最後にレモンをかけることもあります。同じローマのパンで軽い食感のロゼッタや、ふんわりとしたフォカッチャを合わせてみましょう。フランスパンのバタールなども合います。

サルティンボッカ

⑭ロゼッタ

⑫フォカッチャ

④バタール

【バーニャカウダ】

バーニャカウダとは、野菜やパンにニンニクとアンチョビ、オリーブオイルのソースをつけて食べる、北イタリア・ピエモンテ地方の料理です。

ニンニクとアンチョビのペーストをオリーブオイルと混ぜ、火にかけてよく煮ます。生クリームを加えると、乳化してマイルドな味になります。
スティック状に切り、軽くゆでたニンジン、ポロネギ、パプリカ、ジャガイモ、カブ、カリフラワーなどの野菜に、温かいソースをつけながら食べます。どんな野菜にも合うので、旬の野菜の味を楽しみましょう。
最後に残ったソースに卵を入れ、スクランブルエッグにすることもあります。

このソースは味が濃厚なので、フォカッチャやチャバッタなどを合わせます。少し塩味のある軽い食感のグリッシーニも合います。

バーニャカウダ

⑫フォカッチャ

⑬チャバッタ

⑰グリッシーニ

【トリッパとトマトの煮込み】

牛の第二胃、トリッパ（ハチノス）を使ったトスカーナ地方の料理。トリッパの独特の歯ごたえとトマトの酸味が特徴です。

下ゆでしたトリッパは拍子木切りにし、セロリ、タマネギ、ニンジンなどを炒めて合わせ、ワイン、つぶしたホールトマトを加えてじっくり煮ます。最後にローリエやクローブで香りをつけて、塩、コショウで味を調えます。
フィレンツェでは特産の白インゲン豆を一緒に調理することもあります。
トリッパ料理はローマ、トスカーナ地方、リグーリア地方でもよく食べられており、最近は日本でも下ゆでしたトリッパが販売されています。

トスカーナ地方の塩気が少なく薄味のパーネ・トスカーノがよく合います。トーストしてのせて食べるのもよいでしょう。そのほかにもやはり薄味のフィザルモニカ（セモリナ粉を配合したパン）やチャバッタなども合います。

⑮パーネ・トスカーノ

⑯フィザルモニカ

トリッパとトマトの煮込み　　（撮影協力：バンビーノ）　　⑬チャバッタ

ドイツの料理

【 アイスバイン 】

アイスバインは、塩漬けした豚のすね肉を、ローリエなどのハーブと煮込んだ料理です。程よい塩気を残したアイスバインには、粒マスタードがよく合います。ドイツでは、このアイスバインを骨付きのまま、あるいはスライスし、ジャガイモと酸味のあるザワークラウトを豪快に盛りつけて食べます。ザワークラウトは、せん切りにしたキャベツを塩漬けにしてゆっくり乳酸発酵させたもので、冬に野菜が乏しくなるドイツの保存食です。

そのほかには、アイスバインをポトフに入れるという食べ方があります。長時間煮込んでやわらかくなった肉とポトフは寒い地方でよく食べられる組み合わせです。

アイスバインにはシンプルな味でどんな料理にも合うドイツの食事パン、ブレッチェンを合わせます。少し香ばしさのあるカイザーゼンメルも合います。または、あえて噛みごたえのあるプンパニッケルを合わせて、食感を楽しんでみてもよいでしょう。

アイスバイン

⑱ブレッチェン

⑲カイザーゼンメル

㉑プンパニッケル

【ジャーマンポテトサラダ】

ドイツはジャガイモの名産地であり、ジャガイモをメインとした料理が数多くあります。ゆでたジャガイモをバターで炒めたものをドイツ語で「ブラットカルトッフェルン」といいます。これをベースに野菜を加えたもの、タマネギとベーコンを加えたものなど、さまざまなバリエーションがあります。

ポテトサラダは、「カルトッフェルザラト」といい、ゆでたジャガイモにブイヨンやワインビネガーなどで味付けをしたタマネギとベーコンを混ぜて作ります。この時ジャガイモはつぶさずに、輪切りか角切りにします。レシピは家庭によってさまざまですが、ピクルスやマスタードを加えるものもあります。また、サワークリームを添えると味に変化が出ます。

ワインビネガーをはじめとする酢は、ドイツ料理に欠かせない調味料で、魚料理、肉料理、スープにも使用されます。温かい料理では酸味がやわらかくなるのでほかの食材と調和し、冷たい料理では味を引き立てる効果があります。

パンも、同じように酸味のあるライ麦粉配合のロッゲンミッシュブロートやプンパニッケルを合わせます。また、カイザーゼンメルは、表面のケシの実がよいアクセントになり、食感が楽しめます。少し甘みのあるオランダのダッチブレッドとの組み合わせは、軽食に向いています。子どもにも喜ばれるメニューです。

ジャーマンポテトサラダ

⑳ロッゲンミッシュブロート　　⑲カイザーゼンメル　　㉖ダッチブレッド

2 西洋料理とパン　　21

▐ イギリスの料理

【ローストビーフ】

イギリスを代表する牛肉料理。シンプルで豪快なイメージですが肉本来の味が楽しめ、見た目にも華やかでホテルの会食にもよく供されるメニューです。

牛モモ肉のかたまりに塩、コショウとおろしたニンニクをすり込み、高温のグリルでじっくり焼くだけの簡単なレシピ。外はこんがり焼き上げ、中は薄いピンク状にしっとりと焼くのがよいとされています。フライパンにバターを入れて焼くレシピもあり、バターの風味が加わり、より上品な料理にもなります。
イギリスではローストビーフのほかにローストラムやローストポークもあります。付け合わせにはジャガイモやヨークシャープディング※が多く、グリルから滴り落ちた肉汁から作られるグレービーソースやホースラディッシュのソースをかけて食べます。

パンはやはり香ばしくトーストしたイギリスパンがマッチングしますが、シンプルなロールパンやバンズなども合います。

※ヨークシャープディング：小麦粉に塩や卵を水で溶いて焼いたもの。

ローストビーフとヨークシャープディング

㉓イギリスパン

㉔ロールパン

㉕バンズ

【イングリッシュブレックファスト】

イングリッシュブレックファストは料理名ではなく、イギリス式の朝食スタイルのことで、フランスやドイツなどのシンプルなメニューのコンチネンタルブレックファストと対比してこう呼ばれています。

朝食とは思えないほどの品数と量が特徴で、欠かせないのは卵料理の目玉焼きもしくはスクランブルエッグ、ポーチドエッグです。さらにこんがり焼いたベーコンやソーセージ、そして焼きトマトやマッシュルーム、マッシュポテトなども添えられます。合わせる飲み物も、イギリスなら紅茶ですが、コーヒーやジュース類も並びます。これらを時間をかけて食べます。
イングリッシュブレックファストやアフタヌーンティーがイギリス独自の食文化を形成しています。

パンはなんといっても薄めにスライスして香ばしくトーストしたイギリスパン。本国ではイギリスパンを油で揚げたフライドブレッドもよく合わせられます。コーンミールの香りが香ばしいイングリッシュマフィンとの組み合わせもあります。
同じ食パン型でフランスパン生地のパン・ド・ミも合います。

㉓イギリスパン

⑪パン・ド・ミ

イングリッシュブレックファストとイングリッシュマフィン

3 その他の地域の西洋料理とパン

ヨーロッパは前述の国以外にも多くの国・地域があり代表的とされる料理があります。他の国の料理に影響されながらもそれぞれ個性的です。

スイスの料理

【フォンデュ】

陶器や金属製の鍋に数種類のチーズを溶かしてパンなどをつけ、チーズをからめて食べる料理。パーティにも向いています。

鍋の内側にニンニクをこすりつけ、すりおろしたエメンタールやグリュイエールチーズなどを入れ、白ワインやキルシュなどを加えて溶かし、角切りにしたパンをつけて食べます。溶けたあつあつのチーズが体を温める、寒い山岳国家スイスならではの料理といえるでしょう。

フォンデュ

チーズが減ってきたらチーズやワインを足しながら食べます。チーズはゴーダチーズなどを入れることもあります。また、パン以外にもゆでたジャガイモやブロッコリー、パプリカなどもチーズにからめて食べます。フランス語圏のスイスが発祥といわれています。

⑥クッペ

フォンデュではパンは付け合わせではなく料理の食材となります。フランス語圏が発祥なので、やはりクッペなどのフランスパンがよく合いますが、スイスのパンであるテッシーナブロートや天然酵母のパン・ド・カンパーニュなども合います。

㉗テッシーナブロート

⑧パン・ド・カンパーニュ

オーストリアの料理

【 ウィンナーシュニッツェル 】

オーストリアのウィーンを代表する名物料理。仔牛の肉に衣をつけて焼き上げるコートレットです。

仔牛のロース肉を叩いて薄く平たくし、塩、コショウしたものに強力粉をまぶし、溶いた卵をくぐらせてから、パン粉（ゼンメル粉）をつけ、バターを熱したフライパンで焼いたもの。コートレットはカツレツの元祖ですが、この料理は揚げずに焼いてカリッとさせるのが特徴。ジャガイモやパセリなどを添えて、レモンを搾って食べます。バター風味でカリッと焼けた香ばしい衣が、爽やかなレモンと相まってパンともよく合う料理です。仔牛肉の代わりに豚肉を使うレシピもあります。似た料理にミラノ風コートレットがあり、これがオーストリアに伝わったという説もあります。

合わせるパンのおすすめは、同郷のカイザーゼンメルかドイツのブレッチェン。バイエルン地方の角の形をしたパン、ヘルンヒェンも香ばしく、ビールともよく合います。

ウィンナーシュニッツェル

⑲カイザーゼンメル

⑱ブレッチェン

㉒ヘルンヒェン

4 東欧料理とパン

ロシアから黒海沿岸、ギリシャにかけた東欧の国々の料理はアジアとヨーロッパ、それぞれの影響が強く出ているのが特徴的。寒い地域が多く、保存性や体を温める効果のある料理が多いのも特徴です。

ロシア周辺の料理

【 ボルシチ 】

真っ赤な色のこのスープは日本ではロシアのイメージが強く、最も有名なスープのひとつです。

ロシアをはじめ、ウクライナなどのスラブ諸国やルーマニアなど、広い地域で食べられています。ビーツという紅色の根をした野菜が主な材料です。豚肉で作ったブイヨンスープにビーツ、キャベツ、ジャガイモ、タマネギ、ニンジン、パセリなどを煮込み、盛りつけた後サワークリームをかけて食べます。豚肉の代わりに牛肉や羊肉が使われることもあります。ビーツは鉄分やビタミン、ポリフェノールなどが豊富に含まれた栄養豊富な食材です。

ほんのり酸味があるので同じく酸味のある黒パンや、ライ麦の多いロッゲンミッシュブロートが合います。ウクライナでは伝統的なパンプーシュカという揚げパンがよく食べられます。

ボルシチ

㉓黒パン

㉔ロッゲンミッシュブロート

5 中近東料理とパン

もともとパンはメソポタミアが発祥で、今でも原形に近いパンが食べられ
ています。肉料理は肉のうま味そのものを味わう調理法が主体です。

トルコの料理

【 ムサカ 】

トルコ料理の特徴のひとつに、ナスとトマトを使った料理が多いことがあげられま
す。トルコの一般家庭でよく食べられている料理にナスとトマトのピラフがありま
す。ケバブ（P28）の付け合わせとして添えられることがありますが、その際も主
食はパンなので、パンと一緒に食べるようです。

ムサカは、オリーブオイルで炒めたナスとラムの挽き肉、タマネギで作ったミート
ソースを重ねてオーブンで焼いた料理です。ミートソースの味付けにはナツメグや
クミンを使います。ここにピーマンが入るレシピもあります。ギリシャにも同じ名
前の料理がありますが、こちらはジャガイモ、ミートソース、ナス、ベシャメルソー
スを層状に重ねてオーブンで焼いて作ります。

トルコでは、パンのことを「エキメキ」といいます。バタールのような形のものや、
平たく焼いたものなど形はいくつかありますが、基本的には小麦粉とイースト、塩
を主原料とした発酵パンです。スパイスのきいたムサカにも、もちろんエキメキを
合わせます。チャパティに似たトルコの薄焼きパンのユフカや、中近東を代表する
パンのピタなども合います。

ムサカ

㉙エキメキ　　　　　㉚ユフカ　　　　　㉛ピタ

【 シシケバブ 】

シシケバブは肉を串に刺して炭火で焼いたトルコを代表する料理で、周辺のバルカン諸国やコーカサス地方でも食べられています。

シシケバブ

ケバブは焼き肉料理を意味し、インドから中近東地域に多くのバリエーションがあります。中近東では豚肉を食べないため、羊は肉料理に多く使われます。シシケバブは羊肉の角切りをヨーグルト、クミン、パプリカ、ニンニク、塩、コショウなどで下味をつけ、串に刺して焼いたものです。こんがりとした焼き色がついたシシケバブは、スパイシーで野趣味のある料理です。レストランなどでは串から外して出されることもあり、付け合わせにはマッシュポテトやパプリカ、トマトなどが添えられます。

家庭では鶏肉や挽き肉を使ったり、肉の間にトマト、タマネギ、ピーマンなどを刺して焼くこともあります。

一緒に食べるパンはトルコではどこでも売られているエキメキが一般的ですが、同じ中近東のピタやインドのナン、チャパティにも合います。

㉙エキメキ

㉛ピタ

㉜ナン

ドネルケバブ

Bench Time
Bread Column

下味をつけた薄切り肉を層状に重ね、串に刺して回転させながら焼き、焼けた部分から長いナイフで薄くそぎ落としたものをドネルケバブといいます。ドネルは「回転」という意味です。ドネルケバブを野菜とともにピタやエキメキにはさんで食べます。トルコでは、屋台で手軽に買えるファストフードとして人気です。最近は日本でも見かけるようになりました。

ピタに詰めたドネルケバブ
（撮影協力：スターケバブ）

6 アジア料理とパン

アジアは地域が広く、民族も多様です。そのため料理もそれぞれで大きく違い、種類もバリエーションも豊富です。

インドの料理

【カレーとタンドリーチキン】

インド料理はスパイス料理といっていいほど香辛料をよく使います。カルダモン、クローブ、クミン、コリアンダー、シナモン、ターメリックなどがあります。これらスパイスを何種類もブレンドしたものをガラムマサラといい、配合は各家庭ごとに異なります。

カレーとチャパティ　　（撮影協力：アールティ）

スパイス料理の代表といえば、何といってもカレーです。種類は宗教、民族、地域などで実に多様です。スパイスの組み合わせも千差万別です。野菜や肉など入れる具材もさまざまです。肉が入る場合は羊肉が多く、それに次いで鶏肉が使われます。食べる時は野菜やチャツネを添えます。カレーに合わせて食べられるのが精製されていない小麦粉で作る無発酵パンのチャパティです。

インドを代表する料理にはカレーのほかに、タンドリーチキンがあります。ヨーグルトにスパイスを混ぜた漬け汁に鶏肉を一晩漬け込み、長い串に刺して高温で焼き上げたものです。焼き上げの時に使われるのが、壺窯型のオーブン、タンドール窯です。この窯でナンも焼けるため、一緒に出されることが多いようです。タンドリーチキンのスパイシーな風味が、少し甘みのあるナンとよく合い、チャパティとナンはどちらの料理にも合います。

タンドリーチキンとナン　（撮影協力：アールティ）

▌中国の料理

【東坡肉】
<small>トンポーロー</small>

豚のバラ肉を使った杭州発祥の料理。濃厚な味としょうゆの香り、とろけるような食感の中国料理の代表のひとつです。

豚バラ肉を下処理し、表面を焼いた後、じっくり煮込みます。やわらかくなったら一旦冷まして切り分け、水、しょうゆ、氷砂糖、ショウガ、紹興酒、八角、ぶつ切りのネギを入れてさらに煮込みます。肉にとろみがつき照りが出たらでき上がりです。付け合わせには、ホウレンソウやチンゲンサイなどをよく合わせます。八角の独特の香りと甘辛いしょうゆの味が特徴です。
この料理は日本にも伝わり、鹿児島の豚肉の角煮や長崎の卓袱料理、沖縄のラフテーにも影響を与えています。

饅頭は中国の主食のひとつで、東坡肉は饅頭と一緒に食べます。饅頭にはさんで食べてもよいでしょう。これと似たものに日本のコンビニエンスストアなどの角煮まんがあります。もちろん花巻との組み合わせもおすすめです。

東坡肉

㉝東坡肉をはさんだ饅頭

㉞ネギを混ぜた花巻

7 ✤ パンと料理の新しい出合い

和食とパンとの組み合わせには人気の定番があります。今後、さらに新たなマリアージュが生まれてくるのが楽しみです。

和食とパン

【 おにぎりパン 】

和食にパンは意外な組み合わせと思われがちですが調理パンの中にはこの組み合わせは多く見られます。

例えば、学生に人気の焼きそばパンや、照り焼きチキンや鶏の立田揚げをはさんだバーガーなどはメジャーなメニューとなっています。地

おにぎりパン

方にはみそや漬け物を入れた惣菜パンもあります。また、トーストしたパンに納豆とマヨネーズというメニューも隠れた人気があるようです。

ここで紹介するのはパン生地に炊いた十六穀米と黒米パウダーを混ぜて海苔やゴマをのせて三角形にして焼いた創作パンです。これにきんぴらごぼうやひじき、ナスのみそ炒めなどをはさむとりっぱな和風料理「おにぎりパン」になりました。

最近ではパン用の米粉が販売されていますが、これで作ったパンは米粉が持つ独特の風味ともちもちした食感があり、和食との相性ではご飯にもひけをとりません。

皆さんもそれぞれのアイデアで、パンに和食という組み合わせを試してみてください。

Bench Time
Bread Column

十六穀米は栄養の宝庫

十六穀米はもちあわ、黒豆、赤米、アマランサス、黒ゴマ、たかきび、大麦、トウモロコシ、黒米、発芽玄米、もちきび、キヌア、小豆、はと麦、白ゴマ、ひえなどを混ぜたものです。メーカーによって多少配合は変わりますが、白米と比較すると食物繊維やビタミン、ミネラルが豊富で、近年は生活習慣病予防や美容で注目されています。雑穀特有の風味があり、苦手な人も多いようですが、カレーなどスパイスのきいたものと食べると無理なく食べられます。

第1章 練習問題

問1 鴨のオレンジソースの記述で適切でないものは次のどれか。

1. ジビエ料理のひとつである
2. マルセイユの名物料理である
3. ローストした鴨肉を使う
4. オレンジソースをかけて食べる

問2 ブイヤベースのベースとなるスープは次のどれか。

1. ブーケガルニ
2. ガラムマサラ
3. フォン
4. バーニャカウダ

問3 イタリア料理、サルティンボッカで肉にのせる食材は生ハムと次のどれか。

1. セージ
2. トリュフ
3. ローリエ
4. オリーブ

問4 トリッパとは牛のどの部位か。

1. 肝臓
2. 第二胃
3. 舌
4. テール（しっぽ）

問 5　**ザワークラウトの主材料は次のどれか。**

1.　タマネギ
2.　ニンジン
3.　キャベツ
4.　ジャガイモ

問 6　**ロシア周辺で食べられている料理、ボルシチに欠かせない野菜は次のどれか。**

1.　パプリカ
2.　ラディッシュ
3.　ビーツ
4.　レッドオニオン

問 7　**次の日本の料理で東坡肉（トンポーロー）から影響を受けていないものはどれか。**

1.　卓袱（しっぽく）料理
2.　ラフテー
3.　豚肉の角煮
4.　豚肉の生姜焼き

第1章　解答解説

 鴨のオレンジソースはジビエ料理のひとつでローストした鴨肉にオレンジソースをかけて食べる。フランス料理とされるがマルセイユの名物料理というわけではない。
（詳細→ P12）

 フォンは魚のアラと数種の野菜をブーケガルニとともに煮てとったスープ。ブーケガルニはタイム、ローリエなどのハーブを束ねたものでスープではない。ガラムマサラはインド料理などで使われるミックスされたスパイス、バーニャカウダは料理の名前。（詳細→ P13）

 サルティンボッカは薄く伸ばした肉の上にセージと生ハムをのせてオリーブオイルなどでソテーし、白ワインで仕上げたイタリア料理。（詳細→ P17）

 トリッパは日本では俗にハチノスと呼ばれる牛の第二胃のこと。ちなみに第一胃はミノ、第三胃はセンマイ、第四胃はギアラの俗称がある。（詳細→ P19）

 ザワークラウトはドイツ料理に欠かせない漬物。キャベツを塩漬けにし、ゆっくりと乳酸発酵させたものでソーセージなどの付け合わせとして食べる。（詳細→ P20）

 ボルシチの鮮やかな赤い色はビーツによるものである。ボルシチはトムヤムクン、ふかひれスープとならび「世界三大スープ」と呼ばれることがあるが、ブイヤベースを加える説もある。
（詳細→ P26）

 卓袱料理、ラフテー、豚肉の角煮はともに豚のバラ肉（三枚肉）から作られ、東坡肉から影響を受けたとされる。豚肉の生姜焼きのルーツは「ポークジンジャー説」や関西の「くわ焼き説」などあるがはっきりはしていない。（詳細→ P30）

第2章
パンと健康

パンやご飯は主食として毎日食べる食品です。
そんなパンに含まれる栄養について学び、
バランスのよい食生活を心掛けましょう。

この章では、栄養の基本知識と、
健康と美容の関係について学んでいきます。

1 ✤ パンに含まれる栄養素

パンに含まれる栄養素の量は、パンの種類によって違いがあります。栄養素の基本と、代表的なパンの栄養価について理解しましょう。

▋栄養素の働き

人間が活動し生活するために、水や空気とともに必要なのが栄養素です。炭水化物・たんぱく質・脂質が最も重要な栄養素で、これを三大栄養素と呼びます。これに無機質・ビタミンの２つを加えたものが、五大栄養素と呼ばれます。それぞれの栄養素は身体の中で連携してさまざまな働きをしています。栄養素の働きには以下の３つがあります。

・エネルギーになる（熱量素）
生きるために必要なエネルギーを生み出す栄養素です。
人間は呼吸をし、じっとしているだけでもエネルギーを消費します。運動や知的活動を行えばその分、消費するエネルギーも増加します。それを食事によって摂取することで、人間は生きているのです。
　炭水化物・脂質・たんぱく質

・身体を作る（構成素）
骨や筋肉、血液などの身体を作る栄養素です。
身体中の細胞は代謝によって毎日少しずつ入れ替わっているため、毎日摂取することが必要です。
　たんぱく質・無機質・脂質

・身体の調子を整える（調整素）
身体の中のそれぞれの機能が円滑に働くように調節する栄養素です。
代謝を助け、身体の調子を整えます。
　ビタミン・無機質・たんぱく質

五大栄養素

【炭水化物】

炭水化物は糖質とも呼ばれ、人間の活動エネルギー源となる栄養素です。炭水化物は、体内でブドウ糖（グルコース）となり、細胞内の代謝により水と二酸化炭素となります。この過程で細胞に活動エネルギーを与えます。

脂質も活動エネルギー源となる栄養素ですが、脂質より消化・吸収が早いため炭水化物は即効性のあるエネルギー源といえます。脳や神経に必要な栄養素です。

炭水化物を多く含む食品　ご飯、パン、うどん、さつまいも、バナナなど

【たんぱく質】

人間の身体はたんぱく質で構成されています。その身体を作るために必要になる最も重要な栄養素がたんぱく質です。たんぱく質は摂取された後、消化されることでアミノ酸となり、再構成されて身体の中の酵素やたんぱく質を作り出すもととなります。1gあたり4kcalのエネルギーにもなり、免疫機能を高める働きもあります。

人体はアミノ酸をもとにたんぱく質を作ることができますが、このアミノ酸の中には人体では作り出せないものが9種類あります。

これを「必須アミノ酸」と呼び、食物からとらなければなりません。必須アミノ酸に対し、身体の中で作られるアミノ酸を「非必須アミノ酸」といいます。

たんぱく質を多く含む食品　肉、魚、卵、豆など

表2-1　必須アミノ酸

必須アミノ酸	イソロイシン、ロイシン、リジン、メチオニン＋シスチン、フェニルアラニン＋チロシン、スレオニン、トリプトファン、バリン、ヒスチジン

【脂質】

脂質は 1g あたり 9kcal のエネルギー源となる、効率のよい栄養素です。それとともに、細胞膜やホルモンの材料となったり、脂溶性ビタミンの吸収を助けるなどの働きがあります。過剰に摂取するとエネルギー過多となり、肥満や生活習慣病の原因にもなりますが、身体にとって必要な栄養素です。バランスよく摂取しましょう。また、たんぱく質を構成するアミノ酸同様、脂質を構成する要素の脂肪酸にも人体では作ることができない「必須脂肪酸」（リノール酸、α-リノレン酸）があります。これらは食物から摂取しなくてはなりません。

脂質を多く含む食品　肉の脂身、魚、バター、ナッツ、油脂など

【無機質（ミネラル）】

人体を構成する元素の 96％は、炭素、水素、酸素、窒素です。残りの 4％を占める元素（約 40 種類）を総称して、無機質（ミネラル）といいます。ほんの少ない量ですが、重要な生理機能をつかさどっています。
人体で作り出すことができないので、食品から摂取することが必要です。ナトリウム（塩分）については、とりすぎに注意する必要があります。

無機質を多く含む食品　牛乳、乳製品、小魚、海藻類など

表 2-2　主な無機質とその働き

	主な働き	主な食品
カルシウム	丈夫な骨や歯を作る。	煮干し、ひじき、ゴマ、牛乳、乳製品
リン	カルシウムと結びついて、骨や歯を作る。	煮干し、レバー、卵黄、肉、乳製品、ゴマ
マグネシウム	細胞がエネルギーを蓄積、消費するために必要な物質。	種実類、海藻類、魚
カリウム	高血圧の予防、心臓の働きを正常にする。	海藻類、落花生、さといも、果物、野菜
ナトリウム	カルシウムやたんぱく質を血液に溶けやすくする。	食塩、みそ・しょうゆ（ほとんどが食塩の形で摂取される）
塩素	胃散の成分。消化を助ける。	
硫黄	すべての細胞に存在し、身体の組織を作る。	卵、魚、肉

【ビタミン】

人間が活動するのに必要な有機化合物。油に溶ける脂溶性ビタミン、水に溶ける水溶性ビタミンの2種類があります。脂溶性ビタミンは油に溶けるため、油と一緒に摂取すると吸収されやすい特徴があります。水溶性ビタミンは水に溶けるため、不要な分は体外への排出がされやすくなっています。

無機質と同じように、人体で作り出すことができないため、バランスのよい食生活を通して、食物から摂取する必要があります。

ビタミンを多く含む食品　野菜、果物など

表2-3　ビタミンの種類

脂溶性ビタミン	ビタミンA	皮膚や髪、爪を丈夫にする。
	ビタミンD	カルシウムの吸収を助け、骨や歯を健康に保つ。
	ビタミンE	抗酸化作用によって、細胞の老化を防ぐ。
	ビタミンK	血液の凝固作用を正常に保つ。
水溶性ビタミン	ビタミンB群	糖質、脂質、たんぱく質の代謝を助ける。
	ビタミンC	肌や骨の健康を促進する。

【食物繊維】

人の消化酵素で消化されない食物の成分を食物繊維といいます。食物繊維には、水に溶けにくい不溶性食物繊維と水に溶ける水溶性食物繊維があります。

不溶性食物繊維は、体内で水分を吸収して大きく膨らみ、腸を刺激してぜん動運動を活発にし、腸内環境を整える働きをします。水溶性食物繊維はコレステロールの吸収を抑える働きをします。食物繊維は直接のエネルギーにはなりませんが、肥満や便秘の解消のほかに、生活習慣病の予防にも役立つため、「第六の栄養素」として注目されています。

食物繊維を多く含む食品　穀類、イモ、豆、野菜、キノコなど

パンの栄養価

パンは穀類に分類され、エネルギー源となる炭水化物が多く含まれる食品です。パンは小麦粉に含まれるグルテン（小麦のたんぱく質）の働きを利用して作るため、ご飯と比較すると含まれるたんぱく質の量が多くなっています。また、食塩を使うため、ナトリウムの量も多くなっています。小麦粉、イースト、塩、水のシンプルな材料で作られるリーンなパンと、砂糖や油脂、乳製品を加えて作られるリッチなパンとでは、含まれる栄養素の量にも差が出ます。

例えば、食パンとフランスパンを見てみると、シンプルな材料でできているフランスパンに比べ、材料に油脂を使う食パンは脂質の量が多いのがわかります。逆に、フランスパンでは食パンに比べて食塩を多く使うため、ナトリウムの量が多くなります。

表2-4 食パンとフランスパンとご飯の栄養価（100gあたり）

	エネルギー	炭水化物	たんぱく質	脂質	ナトリウム
食パン	264kcal	46.7g	9.3g	4.4g	500mg
フランスパン	279kcal	57.5g	9.4g	1.3g	620mg
ご飯	168kcal	37.1g	2.5g	0.3g	1mg

出典：『オールガイド食品成分表　2011』（実教出版）

食事パンの代表である食パンとフランスパン

【全粒粉パン】

使用する粉によっても、栄養価は変わってきます。精製された強力粉と比較すると、全粒粉は同じ重量でエネルギーが低く、たんぱく質と脂質が多いのがわかります。

全粒粉には、小麦の表皮や胚芽などの成分が含まれているため、食物繊維が多いのが特徴です。また、鉄分は強力粉の約3倍、ビタミン B_1 も多く含まれています。全粒粉の使用割合によっても異なりますが、全粒粉パンは食物繊維、ビタミン、ミネラルなどをバランスよくとることができるパンといえます。

香ばしい小麦の風味が味わえるパン・コンプレ

表2-5　全粒粉と強力粉（1等）の栄養素 （100g あたり）

	エネルギー	炭水化物	たんぱく質	脂質	食物繊維	カリウム	マグネシウム	リン
全粒粉	328kcal	68.2g	12.8g	2.9g	11.2g	330mg	140mg	310mg
強力粉（1等）	366kcal	71.6g	11.7g	1.8g	2.7g	80mg	23mg	75mg

出典：『オールガイド食品成分表　2011』（実教出版）

Bench
Time
Bread Column

玄米パン

玄米を挽いて作る玄米粉は、全粒粉同様に食物繊維、ビタミン、ミネラルが豊富です。昔ながらの小麦粉と玄米粉を混ぜた生地にあんを入れて蒸すスタイルに加え、現在ではパン生地に玄米粉を使用したり、玄米粉100％のパンが登場しています。玄米の風味が感じられ、しっとりモチモチとしたパンになります。また、きんぴらごぼうや切り干し大根といった和食のおかずにも合います。

【ライ麦パン】

ライ麦粉には食物繊維、ビタミン、ミネラルが豊富に含まれています。そのため、ライ麦パンも100gあたりの食物繊維が2.3gの食パンに対して5.6gと多くなっています。また、使用する油脂の量が少ないため、脂質が少ないのが特徴です。100gあたりのエネルギー量は食パンと同じですが、脂質が抑えられ食物繊維がとれるため、ヘルシーなパンといえます。

ライ麦パンにビタミンやミネラルを含むゴマやクルミ、カボチャの種などを加えると、栄養価がさらにアップします。これらのトッピングは食感や味にも変化を出すことができるので、おいしさの面でも効果的です。また、ライ麦パンにチーズを合わせることで、カルシウムも同時にとることができます。

パン・オ・セーグル。セーグルとは、フランス語でライ麦のこと

表2-6　ライ麦パンの栄養価（100gあたり）

	エネルギー	炭水化物	たんぱく質	脂質	食物繊維
ライ麦パン	264kcal	52.7g	8.4g	2.2g	5.6g

出典：『オールガイド食品成分表　2011』（実教出版）

表2-7　ライ麦パンと食パンに含まれる主な無機質（100gあたり）

	カルシウム	リン	マグネシウム	カリウム	ナトリウム	鉄
ライ麦パン	16mg	130mg	40mg	190mg	470mg	1.4mg
食パン	29mg	83mg	20mg	97mg	500mg	0.6mg

出典：『オールガイド食品成分表　2011』（実教出版）

【トッピング】

トッピングに使われるナッツ類やドライフルーツはパンに不足しがちな栄養素を含みます。

クルミやアーモンドなどのナッツ類は脂質を多く含み、少量でも高カロリーな食品ですが、含まれる脂肪分は、多くが健康によいとされる良質の植物性脂肪です。コレステロールを下げる働きを持つリノール酸や、悪玉コレステロールを抑制するオレイン酸などがあります。また、植物性たんぱく質や、ビタミン、ミネラルも豊富に含まれています。

果物を乾燥させたドライフルーツは、成分が凝縮されているため、フレッシュな状態で食べるより効率よく栄養をとることができます。種類によって多少の違いはありますが、共通している特徴は、カリウム、カルシウムなどのミネラルが豊富なことと、食物繊維がふんだんに含まれていることです。

トッピングに含まれる主な栄養素

- クルミ　リノール酸、ビタミンE、カリウム、カルシウムなど
- アーモンド　オレイン酸、ビタミンB_2、ビタミンE、カリウムなど。皮の部分には抗酸化成分のポリフェノールが多く含まれる
- ヘーゼルナッツ　オレイン酸、ビタミンE、カリウムなど
- カボチャの種、ヒマワリの種　カリウム、マグネシウム、リン、ビタミンEなど
- ゴマ、ケシ　鉄、カルシウム、ビタミンB_1、食物繊維など
- レーズン　カリウム、カルシウム、リンなど
- ドライイチジク　カリウム、カルシウム、ビタミンE、食物繊維など
- アプリコット　カリウム、食物繊維など。β-カロテンも豊富

【菓子パンの栄養価】

菓子パンには糖質と脂質が大変多く含まれているため、エネルギーが高いのが特徴です。砂糖が多く使われているあんパン、ジャムパンでは炭水化物の量が多く、クリームを使っているクリームパン、チョココロネは脂質の量とともにたんぱく質も多くなっています。特にバターを練り込んで生地を作るデニッシュペストリーは脂質の量が多く、ナトリウム（塩分）の値も高くなっています。

表2-8　菓子パンの栄養価（100gあたり）

	エネルギー	炭水化物	たんぱく質	脂質	ナトリウム	カリウム	カルシウム
あんパン	280kcal	50.2g	7.9g	5.3g	280mg	77mg	31mg
クリームパン	305kcal	41.4g	10.3g	10.9g	350mg	120mg	52mg
デニッシュペストリー	396kcal	45.1g	7.2g	20.7g	460mg	100mg	34mg

出典：『オールガイド食品成分表　2011』（実教出版）

2 パンと健康

前項でパンに含まれる栄養素に関して学びました。では、その栄養素はそれぞれどのくらいの量をどのように摂取すればよいのでしょう。ここからはパンに含まれるエネルギーと健康との関連について考えます。

■ エネルギーの消費量

人間はエネルギーによって活動します。消費するエネルギーは3つの要因によって構成されています。

1　**基礎代謝**　生命活動の維持のために生理的に行われる活動に必要なエネルギー
2　**身体活動にともなうもの**　運動や日常生活などの活動をするために必要なエネルギー
3　**食事による産熱**　食事をするために必要とするエネルギー

この3つを合わせて総エネルギー消費量と呼びます。

> **総エネルギー消費量**
> 　＝　**基礎代謝**　＋　**身体活動にともなうもの**　＋　**食事による産熱**

これらの数値は年齢、体格や活動レベルによりそれぞれ異なります。そのエネルギーは食物からとることになります。日本人が健康の維持・増進、生活習慣病の予防などのために食事から摂取する基準として推定エネルギー必要量という数値があります。

表2-9　推定エネルギー必要量（男性女性とも、18 〜 29 歳の基準身長・体重、身体活動レベルⅡ[※]に基づいて算定した基準数値）

	男性	女性
推定エネルギー必要量	2650kcal	2000kcal

出典：厚生労働省「日本人の食事摂取基準（2020 年版）」

※座位中心の仕事だが、職場内の移動や立位での作業・接客等、あるいは通勤・家事、軽いスポーツなどのいずれかを含む場合。

健康を維持するためには、エネルギーは栄養素のバランスを考えて、必要量をとることが重要です。消費されて身体から出ていくエネルギー（消費エネルギー）と、食事によって身体の中に入るエネルギー（摂取エネルギー）のバランスが崩れると、健康面でさまざまな影響が出てくる可能性があります。消費エネルギーよりも摂取エネルギーが多くなる、つまり食べ過ぎると余ったエネルギーが脂肪として体内に蓄えられ肥満へとつながります。

図2-1　摂取エネルギーと消費エネルギーのバランス

肥満とその原因

人の身体は水分、糖質とたんぱく質、ミネラル、脂肪などで構成されており肥満はこの中の脂肪の割合が多い状態を指します。肥満の原因は主に食べ過ぎなど消費エネルギーに対する摂取エネルギーの過多ですが、摂取する栄養素のバランスも関係してきます。

肥満の判定は、体格指数という身長と体重から計算されるBMI（Body Mass Index ボディ・マス・インデックス）の数値で行われています。BMIは次の計算式で計算できます。

$$BMI = \frac{体重（kg）}{身長（m）× 身長（m）}$$

日本肥満学会が決めた判定基準では、統計的に最も病気にかかりにくいBMI 22を標準、25以上を肥満として、肥満度を4つの段階に分けています。

肥満は医学的には病気というわけではありませんが、生活習慣病のひとつであり深刻な病気になる可能性があるので予防の必要がある症状です。

生活習慣病

生活習慣病は、日常的な生活習慣が原因と考えられている疾患の総称で糖尿病、脂質異常症（高脂血症）、高血圧、脳卒中、肥満、狭心症や心筋梗塞などの心臓病などが代表的なものです。

これらの病気で、パンの材料と関連するものについてそのしくみを見てみます。

【糖尿病（2型糖尿病[※]）】

摂取した食物に含まれる炭水化物（糖質）は体内で分解されブドウ糖などの糖分となり、この糖分が脳や体の細胞に運ばれ活動エネルギーとなります。この炭水化物の代謝を調整するのがインスリンというホルモンです。

インスリンは、血糖値を下げるとともに、食後に血糖値が急激に上がらないよう抑制する働きがあります。

糖尿病は、過食や食物の急激な摂取などの要因で、このインスリンの機能が低下することにより、血液中のブドウ糖が細胞に運ばれず、血液中にあふれて血糖値が上がる状態のことをいいます。

インスリンがうまく働かないとエネルギー不足や、ブドウ糖があふれた血液によって、血管が詰まるなどして身体の機能を低下させたり、その影響で他の病気による合併症が起きたりします。

[※] 糖尿病は大きく2種類に分けられます。生活習慣病である2型糖尿病に対して、1型糖尿病は先天的などの要因で元々インスリンそのものを作ることができない糖尿病のことを指します。

Bench Time
Bread Column

ヘモグロビンA1c

従来、糖尿病の症状を判断する数値としては血糖値を計るのが一般的でした。最近はこれに加え、HbA1c（ヘモグロビンエーワンシー）という数値も併用されるケースが多くなっています。血糖値は検査する時点での一時的な値なので食後すぐに上がり、その食べ方によって数値が変化するのに対し、HbA1c は過去2カ月の血糖値の平均を表す数値です。そのため長期にわたる治療が必要な糖尿病患者にとって変化のわかる HbA1c は知っておきたい数値です。正常とされる HbA1c 数値は 6.5 以下です。

【脂質異常症（高脂血症）】

血液中に含まれるコレステロールや中性脂肪などの脂質が多すぎる病気のことです。特に悪玉といわれる LDL コレステロールが多いと動脈に付着し血流を妨げ、動脈硬化などを引き起こします。また中性脂肪が多いと HDL（善玉）コレステロールを減らし、結果的に LDL コレステロールを増やすことになります。脂質異常症の原因は、脂質の多い食物のとりすぎやエネルギーの摂取過多と消費不足といわれています。

パンに含まれる油脂類にはパンそのものに含まれるもののほか、バターなどやトッピングに使われるナッツ類などの副材料があります。

この病気も食べすぎには注意が必要ですが、エネルギーの消費不足は運動などで脂肪を燃焼することで解消するのがよいとされています。

【高血圧】

高血圧は血管に圧力がかかり過ぎている状態のことです。血圧が高いと、血管そのものや心臓に負担がかかります。高血圧の原因ははっきりとは解明されてはいませんが、そのひとつは塩分の摂取過多といわれます。

ほとんどのパンは食塩を使用します。パンに限らず日本人は平均して塩分摂取量が多く、高血圧は日本人に多い病気なのでとり過ぎには注意しなければなりません。

高血圧には自覚症状がほとんどありません。そのため気づきにくく、突然発作に見舞われるケースが多く「サイレント・キラー」とも呼ばれますが高血圧を放置しておくと、動脈硬化や心疾患、脳卒中などにつながるおそれがあります。

そのため定期的に血圧をチェックすることも必要です。高血圧予防の食事療法のために塩分をひかえた「減塩パン」や「無塩パン」もあります。

メタボリックシンドローム

糖尿病、高脂血症、高血圧、肥満といった生活習慣病は、それぞれ独立した別の病気ではなく、肥満、特に内臓脂肪型肥満が引き金となって症状を起こしているということが最近わかってきました。このように、内臓脂肪型肥満によっ

て、さまざまな病気が引き起こされやすくなった状態を「メタボリックシンドローム」と呼びます。治療すべき病気であると考えられ、専門の外来を持つ病院も増えてきています。

3 ✿ パンとアレルギー

食物について考える時、忘れてはならないのがアレルギーの問題です。栄養になるはずの食物に身体が反応し、さまざまな症状を引き起こすアレルギー。正しく理解して対応することが大切です。

■ アレルギーとは

私たちの身体の中には、外部から侵入した異物（ウイルスや細菌）に対して反応し、それを排除して身体を守るための免疫機能が備わっています（抗原抗体反応といいます）。しかしこの免疫が過剰に反応し、無害であるはずのものまでを異物としてとらえてしまうことにより、身体にさまざまなトラブルを引き起こすことがあります。これを「アレルギー」と呼びます。アレルギーの原因となる物質を「アレルゲン」と呼びます。ダニやほこり、花粉、食品、金属、薬、ペットなどが主なアレルゲンとなります。アレルゲンが身体の中に侵入すると免疫細胞の活動のバランスが崩れ、「IgE 抗体」と呼ばれる、アレルゲンから身体を守ろうとする物質が過剰に生成されます。この IgE 抗体にアレルゲンが結びつくことによって「ヒスタミン」という物質が放出されます。この物質が、さまざまなアレルギー反応を引き起こす原因となります。

図 2-4　アレルギー反応

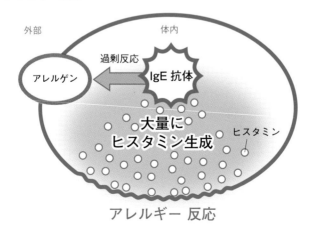

食物アレルギーとそのメカニズム

食物アレルギーは、特定の食物が抗原となり、アレルギー反応を引き起こすものです。ある一定の食物を食べた時、身体がその食物の中に含まれるたんぱく質を「異物」と誤認して、それを排除しようとする抗原抗体反応によって、さまざまな症状が起こります。具体的な症状としては、食物が触れたところの粘膜に炎症が起こったり、直接接触していない部分の皮膚や粘膜に炎症が起こってじんましんや気管支ぜんそく、むくみや胃腸障害を引き起こすなど、症状の軽重を問わないさまざまなものがあります。通常、アレルゲンとなるたんぱく質は消化され、アミノ酸へと分解されて吸収されていきますが、特に小さい子どもの場合、内臓が成長過程にあるため、たんぱく質の分子がそのまま吸収され、それが「異物」として認識されてしまうことがあります。さらに、免疫システムが未熟であることも多いため、乳児から小児の時期に食物アレルギーを発症するケースが多いのです。

アレルギー物質と表示

アレルギーを起こす食物はさまざまですが、特に多いのが卵、小麦、乳、そば、落花生に新たにエビとカニが加わった7品目で「特定原材料7品目」と呼ばれます。

表示が必要なアレルギー物質
アレルギーを持っている人は、アレルギー症状を出さないようにアレルゲンとなる物質を避けて生活することが必要です。症状には軽いものから重いものまであり、重い場合は命に関わるため、食品を提供する側には、使われている物質を表示する義務があります。 食品衛生法で表示が義務づけられているのは下記の7種類です。

- 卵、乳、小麦、エビ、カニ：発症件数が多いため、表示する必要がある。
- そば、落花生：発症すると症状が重篤で生命に関わるため、特に留意が必要である。

このうちパンと関連の深い小麦・卵・乳（牛乳以外も含む）は子どもの食物アレルギーでは非常に多いケースとなっていますが、成長に従い、消化機能が整ってくることでアレルギーが改善し、次第に反応しなくなるケースもあります。
特定原材料7品目以外にもこれに準ずるものとして、表示することが望ましいとされているアレルギー物質もあります。

表示が望ましいアレルギー物質

> アワビ、イカ、イクラ、オレンジ、キウイフルーツ、牛肉、クルミ、サケ、サバ、大豆、鶏肉、バナナ、豚肉、マツタケ、桃、ヤマイモ、リンゴ … 過去に一定の頻度で発症件数が報告されているため、使用表示が望ましい。
>
> ゼラチン…豚肉・牛肉由来であることが多いため、上記同様に表示が望ましい。

【食物アレルギーの反応】

食物アレルギーの反応は短時間で現れることが多いので、注意が必要です。アレルギー反応が激しく全身症状として現れるものをアナフィラキシーと呼びます。症状が重くなると、血圧が低下し、呼吸困難などのショック症状を引き起こします。これをアナフィラキシーショックと呼びます。最悪のケースでは死に至る場合があります。

そばや落花生などのアレルギーは、発症頻度は高くないのですが、いざ発症するとアナフィラキシーなど重篤な症状を起こしやすいため、それらのアレルギーを持つ人に対しては細心の注意を払う必要があります。アナフィラキシーについては、摂取から発症までの時間が短いので特に注意が必要です。

パンの主な材料とアレルギー

パンは主に小麦が原料の食品です。卵や乳製品などが使われるケースも多いので、アレルギーを持つ人は摂取を避ける必要があります。どの物質に対してアレルギーを持っているかにより、摂取できる範囲がおのずと決まってくるため、そのパンに何が入っているのかをきちんと判断して摂取していく必要があります。アレルギー症状を出さないための基本は「アレルゲンを摂取しない」ことです。主に医師の指導に基づいて、アレルゲンとなる物質を避けるなどの対応が必要です。

特に子どもの食物アレルギーにおいて、問題になるのが、学校給食です。給食の場合、学校の個別対応で代替食の提供をしたり、家庭で管理して弁当を持ち込むなどして対応をします。

消化機能・免疫機能があがることによって食物アレルギー症状が出にくくなったり、病院での管理・治療によって徐々に慣れさせていく治療法を経て食べられる食品を増やすなど、医師と家庭、患者が一体となってアレルギーを克服していく努力がされています。子ども時代には食べられなかったパンが、大人になって消化機能が整うことで食べられるようになるケースもあります。

その他の材料のアレルギー表示

小麦、卵、乳製品など、パンそのものに含まれる食品についてはもちろんですが、総菜パンなどの、調理したフィリングやサンドイッチの具、そしてそこに使われている調味料などにも表示すべき物質が含まれているケースが多いので、原材料の表示を確かめる必要があります。

例えばコロッケパンなどの場合、コロッケを揚げた油が大豆由来のものの場合には、大豆アレルギー対策としての表示が必要ですし、豚肉、エビ、カニなどをフィリングやサンドイッチの具として使うケースもあります。目に見えるものは意識して避けることができますが、微量の油などもアレルゲンとなる可能性がありますので、一つひとつ原材料を把握し、表示していくことが重要です。

代替物質で作るパン

アレルギーを持つ人がパンを食べるためには、アレルゲンとなる原料を使わない特別なパンを作る必要があります。パンと小麦粉は切っても切れない関係に近いですが、最近では米粉を使ったパンも出てきました。しかし、米粉パンも製造過程において小麦グルテンを利用するケースが多いため、そのような米粉パンは小麦アレルギー患者は摂取することができません。イーストを多めにすることで小麦のパンに食感を近づけたり、グルテンの代わりに上新粉を使ったり、アレルギー対応のためのさまざまなパンレシピが研究されています。

代替原料
- 小麦…米粉、雑穀粉など
- 卵……使用しない
- 牛乳…豆乳、使用しないなど

4 ✤ パンと美容

健康な身体とともに、やはり気になるのが美容のこと。健康的な美しさを
保つことは、精神状態を良好に保ち、前向きに日常生活をおくるという観点
からも大切なことです。

▌美容と栄養素

肌荒れや貧血、便秘などのトラブルは、下記のようなビタミンやミネラル、食物繊
維のような微量な栄養素が原因になっていることが多いです。トラブルが出るとい
うことは身体からの黄信号だと思って、栄養素バランスに注意を向けてみましょう。

・ニキビ、肌荒れ、口内炎
　ビタミン B_2 の不足が原因になって起こることが多いです。ビタミン B_2 が多く
　含まれている魚、乳製品や卵、緑黄色野菜を意識してとるといいでしょう。 また、
　ビタミン B 群の仲間であるナイアシンが不足すると、皮膚炎なども起こしやす
　くなります。ナイアシンは肉や魚などに多く含まれます。

・シミ・そばかす
　ビタミン C や B 群、E をとることで代謝を助け、健康的な皮膚へのターンオー
　バーのサイクルを作ります。特にビタミン C には日焼けによって活発になるメ
　ラニンの生成を抑える働きがあります。また、ビタミン E にも抗酸化作用があり、
　日焼け肌の回復効果があります。タバコはビタミン C をこわす作用があります。

・肌のくすみ
　肌の代謝をよくすることで、くすみのない肌ができます。ナッツ類やカボチャに
　含まれるビタミン E は肌の老化を防ぐ作用があり、若々しい肌を保ちます。また、
　代謝をよくするためにタンパク質をきちんととることも重要です。また、肌の老
　化の原因となる活性酸素を抑える働きをするのが緑黄色野菜に含まれる植物性の
　ビタミンである β–カロテン。β–カロテンをビタミン C と一緒にとると効果的
　です。

- **貧血**

  貧血になると、身体にうまく酸素が行き渡らないため、疲れやすくなったり立ちくらみがしたり集中力がなくなったりします。これを防止するのに一番大事なのが鉄分です。レバーや貝、海藻類や緑黄色野菜などに多く含まれます。また、赤血球を作り出すためのビタミン B_6 も大切です。

  なお、コーヒーや紅茶に含まれるタンニンは鉄分の吸収を妨げます。

- **便秘**

  便秘は体調が悪くなるだけでなく、肌荒れなどの美容トラブルの原因ともなります。これを防ぐためには運動をするとともに、食物繊維をとることによって腸を刺激したり、腸内環境を整えていくことが必要です。サツマイモなどの根菜類や豆類、果物や海藻などを積極的にとりましょう。

▌食物繊維がとれるパン

穀物に含まれる食物繊維は主に不溶性食物繊維です。ライ麦パンや全粒粉パン、玄米パンなどは噛みごたえがあり、ゆっくりよく噛んで食べるため満腹感が得られ、食べすぎを防ぐことができます。また、よく噛むことは歯茎やあごの強化にもなり、虫歯の予防に効果的です。

アプリコットやプルーンなどのドライフルーツには、水溶性食物繊維が多く含まれます。水溶性食物繊維は水分を含むと粘度が高くなり、胃腸内をゆっくり移動するので腹もちがよくなります。また食後の急激な血糖値上昇を抑える効果もあります。カボチャやサツマイモなどの野菜も食物繊維を多く含むので、トッピングなどに取り入れるとよいでしょう。食物繊維をとることは、便秘、肥満、動脈硬化の予防に効果的です。

▌鉄分がとれるパン

鉄分は血中のヘモグロビンに含まれ、酸素と結合することで全身に酸素を運ぶ助けをしています。不足すると貧血になります。また、免疫力を高めて粘膜を丈夫にする働きも持っています。

パンには種類によって比較的鉄分量の多いものがあります。ライ麦パン、全粒粉パン、ブドウパンなどは鉄分が高めです。

5 ❖ パンと食品添加物

家庭で作るパンと違い、流通するパンには少なからず食品添加物が加えられています。食品添加物の働きを知り、理解を深めることでパンづくりに役立てていきましょう。

▌食品添加物とは

食品に加えることによって保存性が増したり、加工の助けになる働きをするのが食品添加物です。食品衛生法によって「食品の製造の過程においてまたは食品の加工もしくは保存の目的で、食品に添加。混和、浸潤、その他の方法によって使用するもの」と定義づけられています。混ぜ込む、しみ込ませるなどの方法で食品に添加して使用します。

▌食品添加物の役割

食品添加物には、以下の4つの種類と役割があります。
・食品の製造や加工のために必要な製造用剤
・食品の風味や外観をよくするための甘味料、着色料、香料など
・食品の保存性をよくする保存料、酸化防止剤など
・食品の栄養成分を強化する栄養強化剤

パンにおいては、製造過程において発酵を助けたり、焼き色をよくしたり風味をつけたり、保存性をあげるために食品添加物が使用されています。

食品添加物は、食品衛生法第10条により、使用が規制されています。

> 人の健康を損なうおそれのない場合として厚生労働大臣が薬事・食品衛生審議会の意見を聴いて定める場合を除いては、添加物（天然香料及び一般に食品として飲食に供されている物であって添加物として使用されるものを除く。）並びにこれを含む製剤及び食品は、これを販売し、又は販売の用に供するために、製造し、輸入し、加工し、使用し、貯蔵し、若しくは陳列してはならない。

つまり、厚生労働大臣が許諾しているもの以外の物質は、食品に使用してはならない、という明確な基準があるのです。過去には食品添加物で健康被害を受けるなど

の事故に結びついたケースもありました。そのため、食品添加物が使用許諾を受けるためには、非常に厳しい審査を受ける必要があります。安心して食品が提供されるための基準が設けられているのです。

パンに使われる主な食品添加物

食品添加物にはさまざまな種類があり、それぞれの食品で活用されています。例えば豆腐を固めるためのにがりは「凝固剤」ですし、中華麺などを製造するためにはかんすいが使われます。お菓子の風味を増すためには香料や酸味料などが使われていますし、ハムやソーセージの色をよくするためには発色剤などが使われます。

このように、多種多様な食品添加物が使われていますが、パンおよび焼き菓子などに利用されるのは下記のような物質です。

・イーストフード
　　イーストの活性をあげて、発酵を促す。

・プロピオン酸・プロピオン酸カルシウム（プロピオン酸 Ca）
・プロピオン酸ナトリウム（プロピオン酸 Na）
　　カビや特定の細菌の発育を阻止することで保存性を高める。

・L‐アスコルビン酸（ビタミンC）
　　食品の変色や風味の劣化などを防止する。

・炭酸水素ナトリウム（重曹、炭酸水素Na、重炭酸Na）
　　膨張剤（ベーキングパウダー）として使われ、焼き菓子などを膨らませる働きを持つ。

食品添加物は、販売される食品において、原材料とともに食品への表示義務があります。1991年7月より、すべての食品添加物の表示が義務づけられることになりました。この表示では物質名の表示が原則とされていますが、簡略表示されたり一括表示されたりする例もあります。

・一括表示される14種類（パンに使われるもの以外も含む）
　　イーストフード、ガムベース、かんすい、酵素、光沢剤、香料、酸味料、軟化剤、調味料、豆腐用凝固剤、苦味料、乳化剤、pH調整剤、膨張剤

6 ✤ バランスよく食べる

健康にすごすためには、バランスのよい食生活を送ることが大切です。パンを主食にした場合には、どのようなことに気をつければよいのでしょうか。食事バランスガイドの考えから見ていきます。

食事バランスガイド

日本人の食生活は現在、とても多様化しています。海外からさまざまな食文化や食品が輸入されるなど、ありとあらゆる種類の料理が食べられるようになった一方、太りすぎ・やせすぎ・栄養素の偏りといった問題点も見られるようになりました。外食やコンビニでの手軽な食事だけではなく、手づくりの食事を家族で囲むという食事のスタイルの重要性がうたわれています。さらに、健康な食生活を維持するために、生活習慣病の問題や食の安全の問題などにも関心が高まっています。

図 2-3　食事バランスガイド

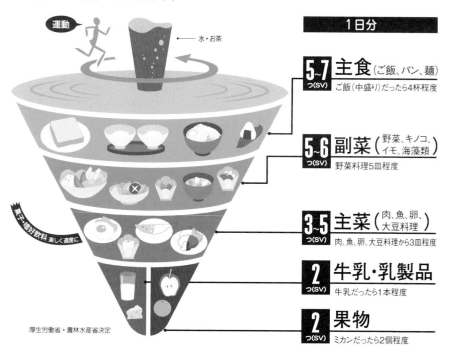

運動

水・お茶

1日分

5~7 つ(SV) **主食**（ご飯、パン、麺）
ご飯（中盛り）だったら4杯程度

5~6 つ(SV) **副菜**（野菜、キノコ、イモ、海藻類）
野菜料理5皿程度

菓子・嗜好飲料 楽しく適度に

3~5 つ(SV) **主菜**（肉、魚、卵、大豆料理）
肉、魚、卵、大豆料理から3皿程度

2 つ(SV) **牛乳・乳製品**
牛乳だったら1本程度

2 つ(SV) **果物**
ミカンだったら2個程度

厚生労働省・農林水産省決定

これらを受け、「食生活指針」とそれを実践するための「食事バランスガイド」が策定されました。「食生活指針」の中には「主食、主菜、副菜を基本に食事のバランスを」という項目があります。それを受けて、具体的な料理の例とおおよその量をわかりやすく示した図が「食事バランスガイド」です。

食生活を回るコマに例えてイラスト化してあり、うまく回るためにはバランスよく食事をとること、バランスが悪くなるとコマが倒れてしまうことを表しています。食事バランスガイドでは、年齢、性別、身体活動レベルによって異なる1日の必要エネルギー量に合わせ、主食・副菜・主菜などを1日にどのくらい食べればよいのかのめやすが「つ」（SV＝サービングの略）という単位で示されています。

図2-4　1日に必要なエネルギーと摂取のめやす

単位：つ(SV)

男性	エネルギー量	主食	副菜	主菜	牛乳・乳製品	果物	女性
6～9歳 70歳以上(※低い) 10～11歳(※ふつう以上)	1400～ 2000kcal	4～5	5～6	3～4	2	2	6～11歳 70歳以上 12～17歳 18～69歳(※低い)
12～17歳 18～69歳(※低い)	2200 ±200kcal （基本形）	5～7	5～6	3～5	2	2	
(※ふつう以上)	2400～ 3000kcal	6～8	6～7	4～6	2～3	2～3	(※ふつう以上)

○肥満（成人でBMI≧25）の場合には、体重変化を見ながら適宜「摂取のめやす」のランクをひとつ下げることを考慮する。
○成長期で身体活動レベルが特に高い場合は、主食、副菜、主菜について必要に応じてSV数を増減させることで適宜応対する。

※身体活動量の見方
低い：生活の大部分が座位の場合。
ふつう以上：座位中心だが、仕事・家事・通勤・余暇での歩行や立位作業を含む場合、または歩行や立位作業が多い場合や活発な運動習慣を持っている場合。
強い運動や労働を行っている場合は、さらに多くのエネルギーを必要とするので、適宜調整が必要。

表2-10　食事バランスガイドの料理区分と「つ(SV)」計算のめやす

料理区分	料理例
主　食	1つ＝ご飯小盛り1杯、食パン1枚、ロールパン2個 1.5つ＝ご飯中盛り1杯 2つ＝うどん1杯、スパゲティ
副　菜	1つ＝野菜サラダ、キノコソテー 2つ＝野菜の煮物、野菜炒め、コロッケ
主　菜	1つ＝目玉焼き(卵1個)、納豆、冷奴 2つ＝焼き魚 3つ＝ハンバーグステーキ、鶏肉のから揚げ、豚肉のしょうが焼き
牛乳・乳製品	1つ＝牛乳コップ半分、チーズ1かけ、ヨーグルト1パック
果　物	1つ＝ミカン1個、リンゴ半分、ブドウ半房

出典：農林水産省HP

パンを中心とした献立の具体例

献立を考える際には、食品のバランスに加えて、和食、洋食、中華など、メニューのバランスもとれていることが大事ですが、ここでは一例として、パンを主食とした場合の1日の献立を考えてみます。

表2-11　パンを中心としたメニュー例（対象者：30代女性　身体活動量ふつう以上）

	料理名	つ（SV）
朝食	食パン2枚	主食2
	野菜サラダ	副菜1
	ニンジンのグラッセ	副菜1
	目玉焼き	主菜1
	ヨーグルト	牛乳・乳製品1
	バナナ	果物1
昼食	ミックスサンドイッチ（食パン、キュウリ、レタス、ハム、チーズ、卵）	主食1
		副菜1
		主菜1
		牛乳・乳製品1
	野菜スープ	副菜1
	オレンジ	果物1
夕食	ご飯小盛り2杯	主食2
	ホウレンソウのソテー	副菜1
	ポテトサラダ	副菜1
	ハンバーグステーキ	主菜3

〈朝食〉

〈朝食・昼食〉

〈朝食・昼食・夕食〉

パンを主食にすると、緑黄色野菜が不足しがちになるのでニンジンのグラッセや、カボチャのサラダなど、副菜を1品組み合わせるようにしましょう。また、パンはご飯に比べて脂質や塩分が多いので、合わせる料理を選ぶ際には、油の多い料理に偏らないようにしたり、塩味の濃いものを控えめにするなど、意識するようにしましょう。

このように、副菜や主菜などがバランスよくすべてとれるように考えていくと、献立のバランスがよくなっていきます。一食ごとにそれぞれを均等にとることが理想ですが、1回の食事だけでバランスをとることだけを考えるのではなく、1日、3日、1週間など、少し長い時間を区切って、その中でバランスをとっていくと組み立てやすいでしょう。その時の食事でとれないものがあっても、次の食事で多めにとってバランスを保つこともできます。例えば前日に主食をとりすぎてしまったら次の日は控えめにするとか、このところ果物が足りないと思ったら少し意識して摂取するようにしてみるなど、自分なりの工夫をしながら臨機応変に考えていきましょう。

食事バランスガイドのコマは運動をすることによって安定します。食事のバランスとともに、適度な運動をすることが大切です。また、コマを回すヒモには、菓子や嗜好飲料があてはまります。菓子パンもこのヒモに該当します。これは、栄養のバランスだけにとらわれることなく、食べる楽しみも必要であることを示しています。ただし、過剰摂取にならないように気をつけましょう。

Bench Time

Bread Column

食べ方の工夫

- 食べすぎない：消費エネルギーよりも多くエネルギーを摂取しないことが重要です。パンを中心とした食事にする時にも、糖分や脂肪分の多い、エネルギーの高いパンばかりを選ばないように留意しましょう。
- よく噛んで食べる：脳の中の満腹中枢に「満腹になった」という信号が送られるまでには、少しタイムラグがあります。そのため、早食いをしてしまうと、満腹以上に食べすぎてしまいます。よく噛んで食べることで、十分満腹感のある、適切な量の食事をとることができます。噛みごたえのあるパン（全粒粉パンやライ麦パンなど）を食事に取り入れることも効果的です。これらのパンは消化が遅いので

血糖値の上昇も抑えやすくなります。
- ゆっくり食べる：人間が太る原因はエネルギーのとりすぎだと一般的に考えられてきましたが、消費されずに余ったエネルギーが即そのまま体内に蓄積されるわけではありません。脂肪として蓄えられるのは、体内で"エネルギーが余っている"と判断した時だけです。余っていると判断してしまうと、身体は積極的にそのエネルギーを蓄えようとします。この働きにはインスリンが関わっています。ゆっくり食べることで血糖値の上昇をゆるやかにすると、インスリンの分泌量も適切になり、蓄えようとする働きが抑えられます。

第2章 練習問題

問1 五大栄養素に含まれていないものは何か。

1. たんぱく質
2. ビタミン
3. コレステロール
4. 脂質

問2 脂質が多く含まれる順に正しく並んでいる組み合わせはどれか。

1. 食パン → デニッシュペストリー → フランスパン
2. デニッシュペストリー → 食パン → フランスパン
3. フランスパン → デニッシュペストリー → 食パン
4. デニッシュペストリー → フランスパン → 食パン

問3 パンのトッピングに使われるナッツ類について、間違った記述はどれか。

1. 糖分をはじめとする炭水化物が多い
2. 良質の植物性脂肪を含む
3. ビタミンEを多く含む
4. 高エネルギー食品である

問4 食物アレルギーに関わる表示の義務がない食品はどれか。

1. エビ
2. 小麦
3. そば
4. 米

問 5 貧血を防止するために必要な栄養素はどれか。

1. ビタミン C
2. 亜鉛
3. 鉄
4. ビタミン D

問 6 食物繊維が豊富なのはどのパンか。

1. デニッシュペストリーなどのリッチなパン
2. 全粒粉パンやライ麦パンなど、表皮が多く含まれているパン
3. 食パンなど、精製された小麦粉で作られたパン
4. フランスパンなどのリーンなパン

問 7 パンに使われる食品添加物で、食品の変色や風味の劣化などを防止するものはどれか。

1. イーストフード
2. 炭酸水素ナトリウム
3. プロピオン酸
4. ビタミン C

第 2 章　解答解説

炭水化物、たんぱく質、脂質、無機質（ミネラル）、ビタミンの5つが五大栄養素。炭水化物と脂質は主にエネルギーに、たんぱく質は筋肉など身体を作るもとになり、無機質とビタミンは身体の調子を整える働きをする。（詳細→ P37 〜 38）

パンは原材料によって含まれる栄養成分が変わる。シンプルな組成のリーンなパンほど、バターなどの油脂分を使わないために含まれる脂質は少なくなる。（詳細→ P40、43）

ナッツ類は良質の植物性脂肪を多く含む栄養価の高い食品である。高エネルギーであるため、とりすぎないように留意する必要がある。（詳細→ P43）

アレルギーを持っている人は、アレルゲンとなる物質を避ける必要があるため、食品を提供する側には、使われている物質を表示する義務がある。米にもアレルゲンとなる物質は含まれるが、米アレルギーを持つ人の数は少ないため、表示の義務はない。（詳細→ P49）

貧血を補うためには、鉄分を多く含むレバーや貝、海藻類や緑黄色野菜などをとる必要がある。また、鉄の吸収を補うビタミン B_6 も重要な栄養である。（詳細→ P53）

全粒粉パンやライ麦パンには、精製された小麦粉で作られたパンに比べて、食物繊維が豊富に含まれている。食物繊維は便秘などの身体の不調に有効な働きを持つ。また、動脈硬化の予防にも効果を発揮するといわれている。
（詳細→ P53）

ビタミン C は L-アスコルビン酸のことで、酸化防止剤、栄養強化剤として使用される。（詳細→ P55）

第3章
パンづくりの工程 1 級編

この章では、パンの中で最も人気があり、

かつ技術を要するとされる、

フランスパン、クロワッサン、ライ麦パンの作り方を学んでいきます。

シンプルなパンほどむずかしく、

作り方によってでき上がりが大きく左右されます。

ここで紹介するのは作り方の一例です。

この内容を参考にしながら皆さんの工夫で

さらにおいしい自分らしいパンづくりにも挑戦してみましょう。

生地づくりの前に ─────────────────────

【イーストの取り扱い】本書のレシピでは、イーストはドライイースト、またはインスタントドライイーストを使用しています。最近のドライイーストは、市販されているもののほとんどに予備発酵不要と記されていますので、それぞれの説明に従って使ってください。予備発酵不要のものを予備発酵しても差し支えありませんが、その場合は5分以内に泡がプクプクしてくると考えられますので、その時点で材料を投入しましょう。おきすぎは禁物です。
【仕込水について】本書のレシピの配合において仕込水の量は、生地全体に対する分量なので、予備発酵にぬるま湯を使用した場合はその分、水を減らして計算してください。

1❖フランスパン

本書でいうフランスパンとは、主に「パン・トラディショネル」と「パン・ファンテジー」を指します。パンの主材料にモルトを添加したリーンなパンの代表格であり、粉の味を噛みしめるパンです。

▌パン・トラディショネルとパン・ファンテジー

フランスパンのうち、棒状の「パン・トラディショネル」の種類はバゲット、パリジャン、バタール、フィセル、フリュートなどがあり、それぞれの重量、長さが決められています。棒状ではなくさまざまな形をした「パン・ファンテジー」にも、いろいろな種類があります（表3-2）。同じ生地でも形や大きさの違いによって食感や香りの違いを楽しむことができます。

表3-1　パン・トラディショネルの主な種類

	意味	生地量	サイズ
フィセル	ひも	120g	18cm
バタール	中間	280〜330g	40cm
フリュート	フルート	250g	55cm
バゲット	棒、杖	330g	50〜60cm
パリジャン	パリっ子	550g	60〜65cm

表3-2　パン・ファンテジーの主な種類

ブール	生地量はいろいろで、真ん丸いパン。ブーランジェ
意味：ボール、丸	リーの語源にもなっている。
シャンピニオン	小形の丸い生地の上にのった薄い生地が、キノコ
意味：キノコ	のかさのように見える。
エピ	細長い生地をはさみでカットして麦の穂の形を作
意味：麦の穂	る。
クッペ	クープがなまった呼び名。コッペパンの語源でも
意味：切られた	ある。
フォンデュ	中心にめん棒でへこみをつけることで生地が2つ
意味：双子、割れ目	に分かれる。クラムがふわっとしているのが特徴。
タバチュール	生地の一部を伸ばしてかぶせる形が、入れ物のふ
意味：煙草入れ	たを表している。

本書ではこの中でも、家庭で作りやすいバタール、エピ、シャンピニオンの工程を紹介します。

▍フランスパンの製法について

本来フランスパンは低温長時間発酵で熟成させ、小麦粉の味や香りを引き出すパンです。その製法にはストレート法と発酵種法がありますが、ストレート法ではかなり長時間の発酵を必要とし、特に家庭では困難なので、本書では発酵種法の中の発酵生地法で作ります。

前日に発酵生地を作っておくことによって、生地の熟成を促進し、比較的短時間でもよいフランスパンを作ることができます。この方法はグルテンのつながりを妨げる全粒粉や、ライ麦を混入したパン・ド・カンパーニュなどにも有効です。

発酵生地の作り方

材料（P67 の本生地 2 回分）

準強力粉または中力粉	150g
塩	2.7g
ドライイースト	1.2g
水（仕込水）	90g

【作り方】

① 仕込水温を生地温が 25℃になるくらいに作り、イーストを加えて溶かします。

② 粉と塩を合わせ、①を加えてこね杓子でまとめ、生地がなめらかになるまでこねたりたたいたりします。

③ ②をポリ袋に入れ、乾かないように口を閉めて室温に 30 分おき、その後口をしっかり縛って十字にややゆるめにひもをかけ、冷蔵庫で 12 ～ 16 時間発酵させます。冷蔵発酵でもかなり膨らむのでポリ袋を二重にしておくと安心です。ひもをかけるのは生地のコシを強くするためです。

発酵生地は完成後冷蔵庫で 2 ～ 3 日保存できます。

発酵生地の変化のようす

発酵前

冷蔵
12 ～ 16 時間後
→

発酵後

フランスパン本生地の配合

材料
（バタール2個分、またはエピ5個分、またはシャンピニオン10個分）

準強力粉または中力粉	300g	ドライイースト	2.5g
塩	5.5g	水（仕込水）	174g
モルト※	1g	このほかにシャンピニオンでは打ち粉に米粉を使用します(P72)。	
発酵生地	120g		

※モルトは「麦芽」という意味で、大麦を発芽させて作る麦芽酵素です。アミラーゼを多く含むので、砂糖の入らない配合のパンに少量加えると発酵を促し、よい香りと焼き色をつけます。

前準備

・こね上げ生地温が24 ～ 25℃になるように仕込水温を調整します。

・発酵生地は早めに冷蔵庫から出して室温におき、18 ～ 20℃で使うようにします。

・予備発酵が必要なドライイーストは、特にフランスパンの場合、よい発酵状態で投入することが大切です。

フランスパンの生地づくり

① ボウルに粉、イースト、モルトを入れて、イーストと離れたところに塩を置き、発酵生地を小さくちぎって加えます。

② 仕込水を一度に加えてこね杓子で混ぜ、粉気がなくなってきたら手でひとまとめにします。

③ 台の上でよくこねたりたたいたりします。

④ はじめはベタつきますが、こねるにつれて生地が手からはなれ、なめらかになってコシが出てきます。引っ張ってみて薄いグルテン膜ができていればでき上がりです（グルテン膜は強力粉100％の生地よりやや厚い仕上がりになります）。

こね上げ生地温　24 ～ 25℃

⑤きれいに丸めてとじ、一次発酵に入れます。

フランスパンの発酵

一次発酵　　　**25 〜 28℃　75%**
40 〜 50 分
（湯せん発酵）

油脂が入らない生地は乾燥
しやすいので注意します。

発酵前（一次発酵）

パンチ（ガス抜き）　**生地が 1.5 倍になった頃**

フランスパンの生地はイー
ストが少なく、主材料のみ
なので熟成の進行がデリ
ケートです。パンチのタイ
ミングを見極めましょう。
しっかり膨らむ少し手前頃
がよいタイミングです。

発酵後（一次発酵）

二次発酵　　　**25 〜 28℃　75%**
40 〜 50 分
（湯せん発酵）

生地が約2倍に膨らんだら、フィンガーテストで発酵を確認し
ましょう。指をさした後の穴は強力粉100%の生地より少し
小さめになります。

フランスパンの分割と丸め（バタール、エピ、シャンピニオン）

キャンバスに取り出し、生地が乾かないように気をつけて手早く作業します。はかりを使って正確に分割しましょう。

バタール
2分割

エピ
5分割

シャンピニオン
生地全体を10分
割した後、かさに
なる部分（約8g）
を切る。

丸めは軽くやさしく行います。
ガスを抜きすぎると、すだちの小さい目の詰まったフランスパンになってしまいます。また、強く丸めすぎると生地を傷める原因になりますので注意しましょう。

フランスパン生地の場合コシの強さを発酵時間で調節したいのであまりコシを強くつけないものから先に分割して成形（型）するようにします。
上記の3種類を同時に作る場合は、エピ→バタール→シャンピニオンの順に分割しましょう。

ベンチタイム　20分　生地の乾燥に十分注意します。

┃ フランスパンの成型（型）と最終発酵

【バタールの成形（型）】

① ベンチタイムの終わった生地をとじ目を上に
してキャンバスの上に置き、手のひらでやや
横長の楕円に押し伸ばします（強く押しすぎ
ないようにします）。

② 上から３分の２のところまでふわっと折り返
し、ふちを軽く押さえます。
ワの方は押さえないようにします。

③ 向きを変えて同じく３分の２のところまで折
り返してふちを押さえます。
この時上下の生地は少し重なっています。

④ 左手で生地を持ってささえ、右手首あたりで
生地を押して芯を作ります。

⑤ 端までいったら繰り返します。芯を作るのは
コシをつけるためです。

⑥ ２回芯を作ったら、右手首でとめていきます。
とめたところがとじ目になります。

⑦ 長さ約40cm に形を整えます。
バタールの長さは40cm が基本ですが、焼
成のことを考えて使うオーブンの天板に入る
長さに整えましょう。

⑧ キャンバスを波形にして、生地をおさめます。
キャンバスをかぶせ、乾燥しないようにぬれ
布巾をかけて室温で発酵させます。この方法
を自然発酵といいます。生地が発酵して大き
くなるので、キャンバスは幅と高さに余裕を
もたせて波形にします（→ P73）。

【エピの成形 (型)】

① ベンチタイムの終わった生地をとじ目を上に
置き、手のひらで軽く楕円にします。

② 上、下から少し重なるくらいにふわっと折り
返し、軽く押さえます。

③ さらに半分に折り、よくとじます。

④ 生地を転がして 25cm に伸ばします。

⑤ キャンバスを波形にして生地を入れ、自然発
酵させます。

【 シャンピニオンの成形 (型)】

① ベンチタイムが終わったら大きい生地は丸め
直してよくとじ、とじ目を下にして置きます。
強く丸めすぎないようにします。

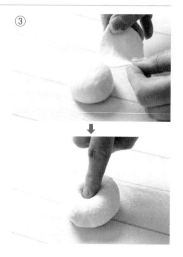

② 小さい生地にたっぷり米粉をつけて、めん棒
でごく薄い円形に伸ばします（ベーキング
シートなどの上で行うと伸ばしやすいです）。

③ ①の上に②をのせて、上から中心を人さし指
で深く押します。

④ キャンバスを波形にして、生地を逆さにして
おさめ、自然発酵させます。

自然発酵について

最終発酵は多くの場合、温度と湿度をつけて行いますが、フランスパン生地の場合は室温でゆっくり発酵させます。これは少ないイーストと主材料だけの生地を、じっくり熟成させるためです。フランスパン生地をホイロに入れる場合もありますが、一般的な最終発酵条件よりかなり低い温度設定にします。日本には四季があり、特に冬は生地が乾燥しやすいので、家庭では取り板、またはあれば番重（薄型の容器）の中に波形キャンバスを作ったり、ぬれ布巾の上をさらにポリ袋で覆ったりするとよいでしょう。

発酵時間は、作るフランスパンの種類、生地量によって調節します。

自然発酵の時間

バタール	30分〜
エピ	20分〜
シャンピニオン	20分〜

生地の表面が張ってきて全体が2倍ほどに膨らみ、中の気泡が透けて見えるような感じになってくるのがめやすです。
発酵の終了がクープを入れるタイミングです。
ここでの見極めが、フランスパンの出来を左右するポイントになります。

自然発酵終了時の生地のようす

バタール　　　　　　　　　　　エピ　　　　　　　　　　シャンピニオン

フランスパンの焼成前の作業

【 バタールのクープ入れ 】

① 自然発酵の終わった生地をとじ目を下にして
   ベーキングシートの上に移します。

② クープを3本入れます。
   クープナイフは生地に対して刃をねかせるよう
   に持ちます。そうすると生地は上部が薄く切れ
   ます。長さ12〜15cmのクープを中心線より
   5mmくらい右から入れ、5mmくらい左で終わ
   るようにします。
   クープ同士は3分の1ずつ重なるように、間隔
   は1cmほどあけるようにします。クープの深
   さは生地の状態によって調節します。

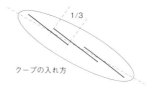

クープの入れ方

棒状のパン・トラディショネルのクープ入れは、バタールと同じ方法で行います。
パンの種類によってクープの数や深さは変わります。

・クープを入れる理由
クープを入れることによってパンをオーブンに入れた時に、この切り口が大きく盛
り上がってパンのボリュームが増します。また、水分がよくとび、すだちが大きく、
軽いパンになります。
パン・トラディショネルの特徴である皮のバリバリとした食感と中身の大小不揃い
なすだちを最大に引き出すためにクープを入れるというわけです。

【 エピのはさみ入れ 】

① 自然発酵の終わった生地をとじ目を下にして
   ベーキングシートの上に移します。

② はさみをねかせて持ち、上から順に深い切り込
   みを入れながら左右に交互に開いて麦の穂の形
   を作ります。
   この時切り口は上を向くようにします。生地の
   厚みの4分の3くらいまで深く切ると形を作り
   やすいでしょう。

【シャンピニオン】

自然発酵の終わった生地を表に返してベーキングシートの上に並べます。

ガスが抜けてしまうので、生地を押さないように手早く表に返します。

■ フランスパンの焼成

それぞれの作業が終わったら、すぐに焼成に移ります。時間がたつと切り口からガスが抜けて、パンのボリュームが出なくなってしまいます。

オーブンの予熱を焼成に間に合うように早めにしっかり行います。

焼成用の天板も予熱しておくとパンのボリュームが増します。

【蒸気注入】

フランスパンは蒸気を注入して焼成します。家庭用のオーブンで蒸気注入機能のあるものはそれぞれの機種の方法に従って予熱を行い、蒸気を注入します。蒸気注入機能のないシンプルなガスオーブン、電気オーブンの場合は天板に小石を入れ、空いた段に何ものせない天板を入れて予熱します。予熱が終わったらパンを温めた天板に並べてオーブンに入れ、石に水をかけて蒸気を出します※。

※使用するオーブンが水をかけられるタイプであることを必ず確認してから行いましょう。

表3-3 石を使う場合の蒸気注入

	予熱温度	石の量	水の量
ガスオーブン	300℃	1200g	100ml
電気オーブン	250~300℃	700g	80ml

蒸気注入の効果

1. パンのボリュームとクープの割れがよく出る
2. クラストをバリバリにする
3. クラストのツヤを出す

焼成時間

バタール	200℃	28分
エピ	200℃	20分
シャンピニオン	200℃	15分

次の日以降まで保存したい場合は全形のまま密封して冷凍しましょう。

自然解凍後少しオーブンで温めると焼きたてに近い食感が楽しめます。

2 クロワッサン

フランス語で「三日月」という意味のクロワッサンは、パン・トラディショネルと並んでフランスを代表するパンです。

クロワッサン

クロワッサンの原形は、オーストリアのウィーンにあり、1683 年にウィーンを包囲したトルコ軍を破った戦勝記念にトルコ国旗の三日月をかたどったパンを作ったのが始まりといわれています。この時トルコ軍の動きにいち早く気づいたのが、朝早起きのパン職人たちで、彼らがウィーンを勝利に導いたという説もあります。当時のクロワッサンはごくリーンな生地のパンでした。現在のようにバターを折り込んだパイ生地のようなパンになったのは 20 世紀初め、ウィーンから伝わったクロワッサンが、フランスで独自の進化を遂げた時でした。

クロワッサンの特徴は薄くきれいに浮き上がったパイ生地のような内相（クラム）です。外側はカリッと全体にサクッとしながらも、ケーキのパイよりはふっくらした食感のものが、よいクロワッサンといえます。

きれいな層を出すためには生地とバターが同じように冷えた状態で作業することが重要なため、ベーカリーでは冷蔵パイルームで作業したり、ない場合は冷蔵庫や冷凍庫をうまく使って、よい状態を作るようにしています。

クロワッサンの配合

本書ではクロワッサンを10個作る工程を紹介しますが、これは家庭でも作りやすいように生地を2つに分けて適切に冷やしながら5個分を2回伸ばしていくやり方です。手早くていねいに伸ばして三つ折りを繰り返すことが、クロワッサン成功の秘訣です。

材料（クロワッサン10個分）

準強力粉または中力粉	300g	卵（全卵を溶いたもの）	30g
砂糖	30g	無塩バター（生地用）	30g
塩	5g	無塩バター（バターシート用）	
スキムミルク	9g		150g
ドライイースト	6g	このほかに打ち粉用に強力粉を使用します（P80）。	
水（仕込水）	150g		

クロワッサン生地に向いている小麦粉は、たんぱく質含有量9〜11％程度の準強力粉または中力粉です。強力粉の生地は薄く伸ばしにくく、かたいクロワッサンになってしまうので向きません。

基本的な道具に加えて用意する道具

・バット、ポリ袋

生地を冷やす時に使用します。

・こね台

バターの折り込みとその後の伸ばしから成形（型）まで使用します。
生地温が上がりにくい大理石が向いています。
※クロワッサンはキャンバスでの作業はありません。

・木製めん棒

木製めん棒は成形（型）時に使用します。

・スケール、竹串、ピザカッター

成形（型）時、クロワッサンの生地をカットする時に使用します。

▍前準備

・早めにバターシート用の無塩バターでバターシートを作って冷やしておきます。
・仕込水温を、こね上げ生地温が25℃になるように整え、10gをかたさ調整用に
　とってから卵と合わせておきます。
・生地用の無塩バターは少し室温において、押せるくらいのかたさにしておきます。

▍バターシートの作り方

③

ここでは、15cm角のバターシートを2枚作りま
す。

① バターシート用の無塩バター150gを2つに
　分け、それぞれラップで包みます。

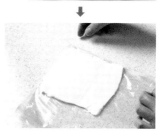

② 冷たいうちにめん棒でたたいて軽く平らにし
　ます。

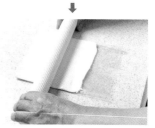

③ バターが15×15cmのシートになるように
　ラップを折り返しながら伸ばします。

④ 伸ばし終わったら、冷蔵庫でシートをよく冷
　やします。

クロワッサンの生地づくりと発酵

① 大きめのボウルに、粉、砂糖、スキムミルクを入れて
こね杓子で混ぜます。

② イーストを加え、イーストからはなれたところに塩を
置き、調整用に水10g残して卵と合わせておいた仕込
水を一度に加えます。

③ やわらかい生地なので、こね杓子で手早く水分を行き
渡らせ、まとめながら調整水を加えて生地の固さを決
めます。生地が非常にやわらかい時は調整水を加えな
いこともあります。

④ ひとまとめになったら台に出して、手でこねたりたたい
たりしてさらに生地をつなげていきます。クロワッサン
の生地はこねすぎると生地温が上がってしまったり、グ
ルテンができすぎて生地を薄く伸ばしにくくなります。
こね方とこね時間に気をつけましょう。

⑤ 生地がほぼつながったら、準備しておいた無塩バター
を加え、再度こねます。

⑥ バターの固形がなくなり、ほぼなめらかになったら2
分割し、きれいに丸めてとじ、一次発酵に入れます。
この時、生地はやや未完成で表面がボソッとしていま
す。グルテン膜も厚めでやや切れやすい状態です。

一次発酵終了

こね上げ生地温　25℃
一次発酵　25℃　75%　20分　（湯せん発酵）

⑦ 生地が1.5倍くらいになり、表面もなめらかになって
きたら、バットに入れて上から押さえ、バットごとポ
リ袋に入れて冷凍庫で10分休ませます。これは生地
を冷やしてバターシートの温度に近づけるためです。
生地がつかないように、バットに油脂を塗っておきま
しょう。

▌バターの折り込み

ここから成形（型）まではこね台の上に打ち粉をして作業します。
打ち粉は強力粉を使い、生地とバターが同時にスムーズに伸びていくようにそのつど適量を使うことが大切です。打ち粉が多すぎると生地がすべって伸ばしても戻ってしまい、また生地が粉を吸収してかたいクロワッサンになります。逆に打ち粉が足りないと、台に生地がついて伸びなくなったり、バターと生地の層がずれてバターがはみ出る原因になります。

【バターの折り込み方】

① バターシートを冷蔵庫から出しておきます。

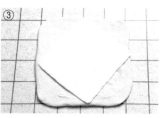

② よく冷やした生地を、打ち粉をした台（以下、「台」と表記）の上にそのまま置いて、パン用のめん棒で 20 × 20cm に伸ばします。

③ バターシートのラップを取り、生地の上に斜めにのせます。

④ 生地の角をバターの上にかぶせて包み込み、よくとじます。

⑤ 生地の向きを変えてめん棒で表面を押さえて
バターと生地をなじませます。

⑥ 20 × 40cm に伸ばします。

伸ばし方のポイント

・打ち粉が足りなくなったら少しずつ足しな
がら伸ばす。
・めん棒は中心から左右上下方向にかける(こ
の時一方向にかける)。
・角を出しながら寸法まで伸ばす。
・バターがゆるんでくるのでめん棒をかける
回数はなるべく少なくする。

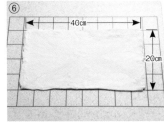

⑦ 余分な打ち粉をハケではらい、三つ折りにし
ます。

⑧ 三つ折りにした生地をバットに入れ、バット
ごとポリ袋に入れて冷蔵庫で約 20 分ほど冷
やします。

もうひとつの生地も同じように作業して冷やし
ます。
台の上は次の伸ばしができるように、残った打
ち粉をはらっておきます。

伸ばし三つ折り

① 冷蔵庫で十分に冷やして落ち着かせた折り込み生地を、台に出してパン用めん棒で 20 × 40cm に伸ばします。この時、厚みが均一になるようにします。

② 余分な打ち粉をはらい、三つ折りにします。

③ 再びバットに入れ、バットごとポリ袋に入れて冷やします（約 20 分）。

もうひとつの折り込み生地も同じように伸ばし、三つ折りにします。

きれいなバターの層を出すために、伸ばし三つ折りを 2 回繰り返します。
次第に生地とバターは薄くなっていくので、バターが出ないようにするためには、生地の冷え具合をチェックしてよい状態で伸ばすことが大切といえます。

クロワッサンの成形（型）

① 伸ばし三つ折りが終わり、よく冷やした折り込み生地を台に出して、25 × 30cm に伸ばします。

　成形（型）の時は、めん棒の跡がつかないように木製のめん棒を使います。
生地のふちは層を出すために後で少し切り落とします。寸法より少し大きめに伸ばしておくとよいでしょう。

② 生地が伸びたら底辺が10cm、高さ25cmの
二等辺三角形が5個できるように竹串で印を
つけます。

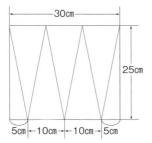

③ 印をつけたところをつないで、スケールで跡
をつけ、ピザカッターで5枚の生地にカット
します。

台の上やカットした生地に余分な打ち粉がつ
いていたら十分にはらいます。そのまま成形
(型)して焼成すると、ツヤのないかたいクロ
ワッサンになってしまいます。

④ 底辺のところはワになっていると層が出ない
ので、細くカットしてから1.5cmくらいの
長さで切り込みを入れます。

⑤ 底辺を奥に置き、④の切り込みから頂点に向
かって生地を手前に巻き込みます。

⑥ 巻き終わりを下にしてベーキングシートを敷
いた天板に並べます。
巻き終わりは深く生地の下に巻き込まないよ
うにします。巻き込みが深すぎると発酵の妨
げになったり、焼成時にきれいな層の浮きが
出ないことがあります。

▌クロワッサンの最終発酵

ホイロ　28～30℃　80%　50～60分
じっくり発酵させます。

発酵温度が高いとバターが溶け出してきれいな
層ができません。
また、湿度が足りないと生地が乾燥して膨らま
ないので、気をつけましょう。

最終発酵で生地は約2倍になります。

発酵前

発酵後

Bench Time
Bread Column

残った端の生地はどうするの？

残った生地を利用して、クイニーアマンを作ってみましょう。
クイニーアマンはバターが特産であるフランス・ブルターニュ
地方の伝統菓子です。

【作り方】
① クロワッサンの成形（型）で残った生地を細かくカットして、
　グラニュー糖をまぶします。
② 天板に置いたイングリッシュマフィン型に①を詰めて最終
　発酵をさせます。
　　　28～30℃　80%　50～60分
③ 最終発酵が終わったら、天板を上にのせてオーブンに入れ、
　焼成します。ツヤ出し卵は不要です。
　　　200℃　13～15分
④ 焼成後、型から出して上下の面を返し、粉糖を茶漉しでたっ
　ぷりふります。
⑤ 230℃に予熱したオーブンに入れて再度焼成し、粉糖をカ
　ラメル化（カラメリゼ）させます。
　　　230℃　3～4分

クロワッサンの焼成

クロワッサンは外側をカリッとさせて短時間で
中まで火を通し、一気に層を浮き上がらせるパ
ンなのでオーブンは長めにしっかりと予熱をし
ておきます。

① 最終発酵が終わった生地にツヤ出しの卵をハ
　ケで塗ります。
　成形（型）の巻きに沿って薄くムラなく塗り
　ましょう。

　ツヤ出しの卵は全卵をよく溶きほぐし、一度
　漉したものを使います。

② 予熱の終わったオーブンで焼成します。

200℃　13〜15分

焼き上がったクロワッサンは、湿気が入らない
ように網などにのせて粗熱をとります。

クロワッサンの層ができるしくみ

焼成中、クロワッサンの生地はどのように変化していくのでしょう。

1. バターの層が急激に溶けていきます。

2. バターの水分が沸騰し、激しい勢いで気化して薄い生地を浮き上がらせます。

3. 生地中のたんぱく質は熱凝固し、でんぷんは糊化が進みます。バターの成分は
　生地に吸い込まれて生地の間にはすきまができ、パイ層状の内相（クラム）を
　作りながら焼き上がっていきます。

3 ライ麦パン

ライ麦パンはライ麦の生産地であるヨーロッパ、アメリカ、カナダで多く食べられています。サワー種を使用して作るため、独特の酸味が特徴です。

ライ麦パン

ライ麦パンは大きくヨーロッパ系とアメリカ系に分けられます。ヨーロッパ系は主に小麦粉混入率が低く黒いパン、アメリカ系は主に小麦粉が多く混入された白いパンであるのが特徴です。使われるサワー種もヨーロッパ系の方が黒っぽい種になっています。

ドイツパンの種類

ヨーロッパではドイツ、ロシア、スウェーデン、ポーランドなどでライ麦パンが多く作られていますが、消費量の第1位はドイツです。ドイツでは、粉の種類を明記することが義務づけられているので、粉やその他の材料がそのままパンの名前になっているものが多く見られます。

ブレッチェン　ドイツで最も親しまれている基本の小形パン。地方によってゼンメル、ヴェックという呼び方もあります。主に小麦粉で作られますが、ライ麦粉を30〜40％加えて焼くロッゲンブレッチェンがあります。

バイツェンミッシュブロート　小麦粉の混入率が50％以上のライ麦パン。さらに副材料の名前や作られる町の名前などがつくこともあります。主にシンペルと呼ばれる発酵かごに入れて成形（型）します。

ロッゲンミッシュブロート　ライ麦粉の混入率が50％以上のライ麦パン。

フォルコンブロート　粗挽きのライ麦全粒粉、または粗挽きの小麦全粒粉で作られます。

ロッゲンブロート（シュバルツブロート）　粗挽きのライ麦粉と細挽きのライ麦粉を混合したライ麦粉100％のパン。ライ麦粉は粗挽きの方が酸味が強くなります。パウンド型に入れて長時間発酵で作られます。焼成時間も非常に長いです。

ゼックスコルンブロート　ライ麦または小麦以外に4種類の穀物の粉を加えて作ったパン。

プンパニッケル　粗挽きのライ麦粉を 80％以上使用し、長時間かけて焼き上げられます。条件の差はありますが 150℃前後で約 16 時間焼成されることもあります。ヴェストファーレン地方の特産で薄くスライスしてチーズなどとともに食べます。

本書ではライ麦パンの代表格であるドイツのバイツェンミッシュブロートとその応用である、ファイゲヌスバイツェンミッシュブロート※（クルミとイチジクのライ麦パン）を紹介します。

※以下ファイゲヌスと表記。

バイツェンミッシュブロート

ファイゲヌス

▌サワー種について

まず、ライ麦パンに欠かせないサワー種を作りましょう。
ライ麦粉の性質をうまく利用して小麦粉のようにグルテンを作れないライ麦粉のパンを、よりおいしくするために編み出されたのがサワー種です。
ライ麦粉を多く使うヨーロッパ系のライ麦パンは、材料のライ麦粉のうちの一部または全部をあらかじめおこしておいたサワー種に置き換えて作られます。

▌サワー種の役割

・でんぷんの糊化と固化を助ける（アミラーゼの働きを抑える）
ライ麦パンがオーブンに入れられると、ライ麦粉でんぷんは小麦粉のパンと同じように流動し糊化しようとします。その時の温度は 60 〜 70℃で、それはアミラーゼが活発に働いている温度と一致しています。そのため固化してパンの内相（クラム）に変わろうとするでんぷんを糖に分解してしまいます。ライ麦パンの火通りが悪くべっとりしてしまうのはこのことが原因であり、サワー種に含まれる酸が、アミラーゼの働きを抑制することによってパンの弾力性が増すのです。

・パンの熟成を助け、味をよくする
あらかじめ時間をかけてサワー種を作ることによって、酵母と乳酸菌が発酵してパンの発酵と熟成を促進します。多く含まれる乳酸菌は、サワー種の最大の特徴で、独特の酸味と香りを作り、保存性を高め、パンの消化性をよくします。

▌サワー種の作り方

ドイツでは、サワー種はライ麦粉と水だけでおこして継いでいく古来の製法が受け継がれ、その種類もさまざまです。アメリカ系ではサンフランシスコサワー種のようにライ麦粉と小麦粉でおこしていくものがあり、種の色は白っぽいです。どちらも種の完成まで日数を要し、家庭では管理がむずかしいといえます。そこで本書ではイーストを少量加えて1日でできるサワー種を作っていきます。

材料(バイツェンミッシュブロート生地1回分)	
ライ麦粉	90g
ドライイースト	3g
水	54g

【作り方】

① 水にイーストを溶かします。

② ボウルにライ麦粉を入れ、①を加えてよく混ぜます。

③ 粉気がなくなったら別のボウルに移しかえて、ラップをかけて室温で一晩おきます。

④ 16〜24時間後、ガスを含んで膨らんだら使えます。
　この時、香りも確認しましょう。
　その後冷蔵庫に保存して2〜3日で使い切ります。
　※時間の経過とともに酸味が強くなります。

▋ライ麦パンの配合

材料

（バイツェンミッシュブロート1個分、またはファイゲヌス8個分）

強力粉	210g	無塩バター	9g
サワー種（ライ麦粉90g含む）	全量		
砂糖	6g	セミドライイチジク（ファイゲヌス用）	
塩	6g		60g
モルト	1g	クルミ（ファイゲヌス用）	60g
キャラウェイシード※	1g		
ドライイースト	3g	このほかにライ麦粉を適量使用します	
水（仕込水）	130g	（P94、97）。	

※キャラウェイシードは、日本名でヒメウイキョウと呼ばれるセリ科の1、2年草の種子です。や
や甘く爽やかな香りとツンと刺激的な苦みがあり、ライ麦パンと相性がよいです。日本人の口に
合わないこともありますが、ドイツでは練り込みフィリングのひとつとして好んで使われます。

▋ 前準備

・仕込水温をこね上げ生地温をめやすに整えておきます。

・キャラウェイシードはフライパンなどで軽くローストして、香りが立つように刻
みます。

・無塩バターは少し室温において、やわらかくしておきます。

・ファイゲヌスを作る場合、セミドライイチジクはへたを取って四つ割りにします
（洗う必要はありません）。クルミは170℃で7～8分ローストして四つ割りに
します。

道具

【クープナイフ】

クープナイフは生地に切り込みを入れる時に使うナイフで、種類はいくつかありますが、本書で使っているのは刃がカミソリの刃になっているものです。刃の長さの3分の1の部分を使います。

・**クープを入れる目的**
　火通りをよくし釜伸びを促します。
　パンの表面の模様に変化をつけます（中世の農村で村の共同窯を使って焼く時に自分の印をつけたのが始まりといわれています）。

・**クープの入れ方**
　パンの種類や大きさ、発酵状態によって刃の角度とクープの深さを調節していきます。

【シンペル型】

ドイツパン用の発酵かごで、成形（型）した生地を入れて発酵させる時に使います。材質は籐で、茎の太い部分を巻いて作ります。

シンペル型の種類は丸型、角型、クーロンヌ型などがあり、どれも一般的には500〜650gの生地を入れる大きさで、生地がつかないようにライ麦粉などをふってから生地を入れます。

・**シンペル型を使う利点**
　大形パンの形を保ちながら発酵させます。例えばポーリッシュ種の生地のようにやわらかい生地のパンにも向いています。
　籐かごの性質で発酵中に表面の水分が適度にとび、バリッとしたクラストに焼き上がります。

ライ麦パンの生地づくり

【バイツェンミッシュブロート】

① 大きめのボウルに強力粉150gとイースト、砂糖、モルトを入れ、仕込水を一度に入れてこね杓子でよく混ぜます。

② 粘りが出てきたら残りの強力粉、塩、キャラウェイシードを加え、サワー種を少しずつ分けて入れ、さらに混ぜてまとめていきます。

③ ひとまとめになったら、台に出してこねたりたたいたりします。ライ麦粉は粘りが出てベタつきやすいので強くこねすぎないようにします。

④ なめらかになったら無塩バターを包み込んでこねていきます。③と同じく粘りが出ないように注意します。ベタつきがひどくなると生地がダレて焼成時に釜伸びが悪くなります。

⑤ 生地がなめらかになり、ツヤが出てきたらでき上がりです。グルテン膜は小麦粉100%のパンに比べて厚く、切れやすいのでやさしく丸めてとじ、一次発酵に入れます。

こね上げ生地温　27℃

① バイツェンミッシュブロートと同様に生地を
作り、ボウルに生地を入れて平らに広げ、準
備しておいたセミドライイチジクとクルミを
加えます。

②

② 5本の指で生地を切るようにフィリングを混
ぜ込みます。

③ フィリングが均等に入ったところでやさしく
丸めてとじ、一次発酵に入れます。この時
フィリングが生地の外に飛び出ないようにし
ます。

③

プチドイツ語講座

ドイツパンの名前は覚えにくいかもしれません
が、少し単語の意味を知ると、わかりやすいで
しょう。ドイツ語は英語と同じゲルマン民族の
言語なので、英語と似ている単語もたくさんあ
ります。

ドイツパンの名前によく出てくるドイツ語の単
語の意味を独→日→英で見てみましょう。

・ブロート／大きいパン／ブレッド
・バイツェン／小麦／ウィート
・ミッシュ／混合／ミックス
・ロッゲン／ライ麦／ライ
・シュバルツ／黒い／ブラック

・コルン／穀物／コーン
・フォル／いっぱいの、完全な／フル
・メール／粉／フラワー
・ファイゲ／イチジク／フィグ
・ヌス／クルミ／ウォールナッツ
・ゼックス／6／シックス

ゼックスコルンブロートは「6つ」の「穀物」の
「大きいパン」ということになります。ブレッチェ
ンはブロートに小さいものを表す接尾語ヒェン
がついて小形のパンという意味です。フォルコ
ンはフォル＋コルン＝フォルコン（全粒粉）に
なります。単語を組み合わせてドイツパンの名
前を作ってみましょう。

ライ麦パンの発酵

一次発酵　27℃　75%　50分（湯せん発酵）

ライ麦パンの生地はオーブンに入れるまで、常にダレやすいので温度管理と時間管理に気をつけます。じっくり熟成させたいけれど、過発酵は禁物なので生地の扱いはむずかしいといえます。
一次発酵が終了したら、ノーパンチで分割に進みます。

ライ麦パンの分割

切れやすい生地なので、ていねいに扱いましょう。

【バイツェンミッシュブロート】
分割はせず、丸めを行います。

① キャンバスの上でとじ目を上にして生地を平らにします。

② 中心に向かって数回折りたたみます。

③ 表に返して両手で横の生地を下に入れながら丸くまとめてとじます。

ベンチタイム　15分

【ファイゲヌス】

① 生地を8分割します。

② フィリングが飛び出ないようにやさしく丸めてとじます。

ベンチタイム　15分

ライ麦パンの成形（型）

【バイツェンミッシュブロート】

① シンペル丸型にライ麦粉をふっておきます。

② ベンチタイムの終わった生地をとじ目を上に
して手で平らにし、中心に向かってやさしく
数回折りたたみます。

③ 表に返して両手に持って丸くまとめてとじま
す。強くしめすぎると生地が切れることがあ
るので注意しましょう。

④ 表面にハケで水を塗り、ライ麦粉をまぶしま
す。

⑤ とじ目を上にしてライ麦粉をふった型に入れ
ます。

【ファイゲヌス】

① ベンチタイムの終わった生地をとじ目を上に
して手で平らにします。

② 図のように手前の部分を左右から折り込みま
す。角は少し重なるようにします。こうする
とコッペ形のボリュームが出ます。

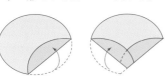

③ ②で折り込んだ生地を向こうに巻き込んでと
じます。

④ とじ目を下にして天板に4個ずつ並べて最終
発酵させます。

■ ライ麦パンの最終発酵

ホイロ　35℃　85%　20 ～ 30分
低めの温度で乾燥に気をつけながらじっくり発酵させます。

発酵の目安
・バイツェンミッシュブロート
　型いっぱいくらいに生地が膨らんだ頃

・ファイゲヌス
　生地が 1.5 ～ 2 倍に膨らんだ頃

■ ライ麦パンの焼成前にする作業

【バイツェンミッシュブロート】

① シンペル丸型を返して生地を天板にのせま
　す。この時、ガスが抜けないように気をつけ
　ます。

② 十字に長めのクープを入れます。
　刃が生地に対して 90 度になるようにクープ
　ナイフを持ち、5 mm くらいの深さが適当です
　が過発酵ぎみの時は浅く入れます。

　長い十字の間に短いクープを入れます。

クープを入れる順番

【ファイゲヌス】

生地にライ麦粉を茶漉しでふり、中心に1本長いクープを入れ、その左右にクープを斜めに3本ずつ入れます。

刃の角度はバイツェンミッシュブロートと同じです。葉っぱのような模様になります。

クープを入れる順番

ライ麦パンの焼成

オーブンはしっかり予熱しておきます。

多くのライ麦パンは小麦粉のパンより高温で焼成します。

火通りが悪いので焼成時間も長めにとり、しっかり焼き上げましょう。

焼成不足の場合、内相（クラム）がベタつき、口当たりの悪いパンになってしまいます。消化が悪く、保存性も低いです。

蒸気注入で焼成するのもよい方法です。よいライ麦パンは表面がバリッとハードに、内相（クラム）は適度に水分がとび、もっちり焼き上がります。

・バイツェンミッシュブロート：210℃　30〜35分（蒸気注入してもよい）

・ファイゲヌス　　　　　　　：210℃　15〜20分（蒸気注入してもよい）

Bench Time
Bread Column

クープナイフの刃の角度

パン・トラディショネルのクープの入れ方は生地に対する刃の角度も大切なポイントです。ナイフの刃が斜め45度より立たないように、ねかせて構えて生地を引き切るように入れると図①のような断面になります。生地の上部が薄く切れるので焼成時に大きく割れて盛り上がります。刃の角度が立ちぎみになると、図②のように生地の内相深くに切り込みが入ってしまうので盛り上がっては割れません。

図③はライ麦パンのクープの断面で、刃の角度は90度です。多くのパンはこの角度でクープ入れを行います。

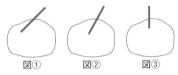

図①　　　　図②　　　　図③

4 ✤ パンづくりで大切なこと

これまで3級テキストから本書まで、9種類のパンづくりの工程を紹介しました。材料や工程がそれぞれ違い、工程ごとの注意点がありましたが、よく見ると、そこにはすべてに共通したポイントがいくつかあります。

パンづくりに共通するポイント

1. 粉選び
パンの種類に合った粉を選ぶこと。
新しい粉を使用すること。

2. 生地づくり
計量を正確に行うこと。
適切な仕込水温で生地をこねること。
パンの種類に合ったこね方で生地を作ること。
こね上げ生地温とグルテン膜の状態を確認すること。

3. 発酵
適切な温度、湿度のもとでパン生地を発酵させること。
適切な発酵時間を見極めること。

4. 生地の扱い
生地を乾かさない、ぬらさない、傷めないように注意すること。

パンづくりは発酵があるからむずかしいと思われますが、その発酵工程にすすむ前の生地づくりがうまくいっていることが大前提です。
パンづくりにおいて、よい生地を作ることが成功への大きな第一歩であり、それに続く工程がよい状態ですすむことによって、最高のパンが焼き上がるのです。

5 ❖ 機械を活用する

家庭でのパンづくりはすべて手づくりで、作るパンの数が少なくても全工
程に手間と時間を要します。毎日手づくりパンを食べたい時にはホームベー
カリーやフードプロセッサーを使うことは有効といえます。

◼ フードプロセッサーの活用法

フードプロセッサーはフィリング、トッピングづくりや、機種によってはパン生地
づくりに活用できます。生地づくりができると手間と労力を削減することが期待で
きます。

・**フィリング、トッピング**
　　ナッツ、オレンジピールなどを細かくしたりペーストにしたり、ストロイゼル
　　やメロンパンのトッピングを短時間で作ることができます。

・**サンドイッチの材料**
　　マヨネーズ、ハンバーガーのハンバーグ、スプレッドなどが手づくりできます。

・**生地づくり**
　　スコーン、ソーダブレッド、甘食などのクイックブレッドの生地は比較的作る
　　ことのできる機種が多いでしょう。発酵パンの生地を作ることのできる機種は
　　専用のハネを使うことがあります。モーターが強い機種は労力削減だけでなく
　　時間短縮もはかれます。生地ができたら手ごねの時と同じく、生地温とよいグ
　　ルテン膜ができているかどうかを確認しましょう。

最近パンを作る多くの家庭で見られるのが、発酵器です。製パン専門の問屋、ネッ
ト販売などがあります。温度を設定して発酵条件を保てるのでパン生地の発酵のほ
か、長時間の天然酵母の種おこしにも大変便利です。

6 ベーカリーで使う道具

街で見かけるベーカリーの生産規模はまちまちですが、ほとんどの店はそれぞれまたは一部の工程を機械化して一度にたくさんのパンを作れるように効率化をはかっています。ここではその一部を紹介します。

▌ 生地ごね

ミキサーと呼ばれる高速、低速の使い分けができる機械です。

縦型ミキサー
ドゥーフックで生地をこねるほか、部品をかえるとビーター、ホイッパーとしてフィリングやトッピングづくり、焼き菓子の生地づくりなどにも使えます。食パン、ロールパンなどに向いています。このタイプは家庭用の卓上のものもあります。

縦型ミキサー
（写真提供：株式会社オシキリ）

横型ミキサー
アームの軸が水平についているのが特徴です。大規模なベーカリーに多く見られます。

スパイラルミキサー
低速中心で、フランスパン、ブリオッシュなどに向いています。最近のベーカリーに人気のあるタイプです。

横型ミキサー
（写真提供：株式会社オシキリ）

ダブルアームミキサー
2本のアームが人の手に近い動きを出せるミキサーです。フランスパンなどに向いています。

スパイラルミキサー
（写真提供：日仏商事株式会社）

成形（型）

成形（型）に使う機械には、パンの種類に合うそれぞれの機械があります。

モルダー
イギリスパンなどに使用します。
めん棒で均一にガスを抜いて生地を傷めずに成形（型）作業ができます。

バゲットモルダー
（写真提供：日仏商事株式会社）

バゲットモルダー
バゲット、バタールなどに使用します。
成形（型）、芯入れができます。

パイローラー
クロワッサンなどに使用します。
伸ばし、三つ折りが早く、きれいに作業できます。

パイローラー
（写真提供：日仏商事株式会社）

焼成

業務用のオーブンは大きく分けると2つのタイプがあります。

上火と下火で加熱するタイプ
直接火を通す、食パンや菓子パン、クロワッサンなどに向いています。

石床（窯床）のある石窯タイプ
間接的に火を通す、フランスパンやライ麦パンに向いています。
熱伝導は輻射型または対流型があり、蒸気注入で焼成します。

第3章　練習問題

問1 パン・トラディショネルはその種類によって決まりがあるがフリュートの生地量と長さはどれくらいか。

1. 120g　20cm
2. 550g　65cm
3. 330g　50~60cm
4. 250g　55cm

問2 シャンピニオンの生地は大きい生地と小さい生地に分けて丸めるが、成形（型）の方法を述べた文で正しいものはどれか。

1. 大小それぞれを丸め直し、大きい生地の上に小さい生地をのせてしっかり押さえる。
2. 小さい生地を薄く伸ばし、丸め直した大きい生地を包んでよくとじる。
3. 小さい生地に米粉をつけて薄く伸ばし、丸め直した大きい生地にのせて指で深く押し込む。
4. 小さい生地を丸く伸ばし、丸め直した大きい生地を上にのせて、専用の型に入れる。

問3 フランスの代表的なパンのひとつであるクロワッサンを作る時に最も向いている粉は次のうちどれか。

1. 強力粉
2. 全粒粉
3. 準強力粉
4. 薄力粉

問4 クロワッサンの一次発酵の条件はどれくらいが適当か。

1. 25℃　75%　　20分
2. 27℃　75%　　50分
3. 30℃　75%　　30分
4. 40℃　80%　　30分

問 5 ライ麦粉100%のドイツパンで粗挽きのライ麦粉と細挽きのライ麦粉を混合して作られるものは次のうちどれか。

1. ロッゲンミッシュブロート
2. ロッゲンブロート
3. モーンブロート
4. プンパニッケル

 問 6 丸型、角型などがあり、成形（型）したライ麦パンの生地を入れて発酵させる時によく使われる籐のかごを何というか。

1. ムスリーヌ型
2. トリーノ型
3. カイザーゼンメル型
4. シンペル型

問 7 次の文のうち、ベーカリーで使われる横型ミキサーの特徴を述べているものを選びなさい。

1. アームの動きが人の手に近い
2. ホイッパーとしても使える
3. 低速中心である
4. アームの軸が水平についている

第3章　解答解説

パン・トラディショネルはクープの数も決まっていて、フリュートは7本、フィセル、パリジャンは5本である。パリジャンより大きなものにドゥリーブルがあり、生地量が850g、長さ55cm、クープは3本である。（詳細→ P64）

シャンピニオンはキノコという意味で小さい生地はキノコのかさの部分になるので、米粉をつけて薄く伸ばし、大きい生地にくい込ませる。フランスパンのうちブール、シャンピニオンのように丸い形のものはしっかり発酵させてコシをつけないと膨らみが悪くなる。（詳細→ P65、P72）

クロワッサンのサクッとした生地に向いているのはたんぱく質含有量9〜11%程度の準強力粉または中力粉である。ボリュームのあるグルテンが作れないフランス産の小麦粉を生かすためにフランスパンやクロワッサンが発展したといえる。（詳細→ P77）

クロワッサンの一次発酵は温度が高すぎないように時間も短めにとり、一度冷やすことによって次の工程で生地をバターの温度に近づけ、伸ばしやすくすることができる。（詳細→ P79）

ロッゲンブロートはシュバルツブロートとも呼ばれる。プンパニッケルにもライ麦粉100%のものがあるが、粗挽きのみの配合なので、より酸味が強くなる。モーンブロートは小麦粉の多い配合で黒ケシを練り込んだ生地のパン。（詳細→ P86）

ムスリーヌ型はブリオッシュ生地のムスリーヌを入れる型。トリーノ型はふちが星形で深さのある型。カイザーゼンメル型はドイツパンのカイザーゼンメルの模様をつける押し型である。（詳細→ P90）

横型ミキサーは業務用の中でも大型なので大規模なベーカリーに多く見られる。（詳細→ P100）

第4章
パンの未来学

パンシェルジュにとって、
パンの原料である小麦および小麦粉についての
世界的な知識や情報は欠かすことができません。
また、世界の主食ともいえる小麦は今後の世界の重要課題である
食糧問題とも直結し、人口問題や農業問題に関しても
避けては通れません。

これらを知ることは、パンがさらに未来に向けて
発展していくことにもつながるのではないでしょうか。

1 世界の小麦事情

パンシェルジュ2級で、日本は小麦のほとんどを輸入に頼っていることを学びました。ここではその小麦の世界的な現状と各国それぞれの小麦および小麦粉の事情を理解していきます。

小麦栽培に適した気候と土壌

三大穀物のひとつである小麦は、生産量こそトウモロコシには及びませんが、世界で最も古くから、かつ広い地域で食べられている穀物です。その生産は年間降水量500mmが限界とされており多雨地帯には向いていないものの、比較的乾燥に強く、灌漑設備を利用すれば乾燥地帯でも栽培が可能なため、温帯から冷帯まで広い範囲で栽培されています。

乾燥に強いという特性から広大な土地で大規模に生産されることが多く、その収穫性の高さから各国の主食となり、それぞれの国の農業の基盤作物ともなって世界中で栽培されています。

三大穀物のほかの2つのうち、トウモロコシは地域に偏りはあるものの生産量では小麦より多く、コメ（イネ）はアジアを中心として栽培されています。

図4-1　世界の小麦生産マップ

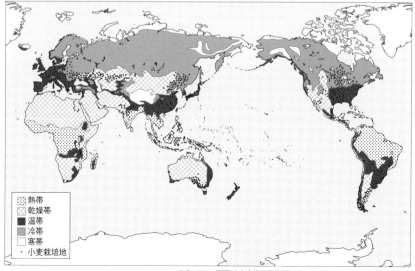

出典：FAO（国際連合食糧農業機関）データとケッペンの気候区分より作成

増加する生産量と生産性の向上

1992年から2014年までの推移を見てみると、耕作面積は0.36％の微増ですが、生産量は約25.3％も増加しています。中国、インド、アメリカなど人口が多く、消費も大きい国の生産性向上や、地球人口の増加に対する需要の増加にともないオーストラリア、カナダなど、海外輸出を目指した大規模農場での増産が大きな要因と考えられます。

図4-2　世界の小麦生産量の推移

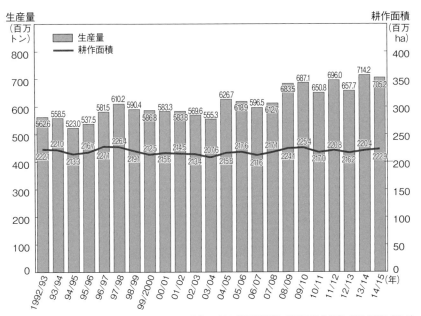

出典：USDA（米国農務省）「世界の農業生産、世界の貿易2014」

国別生産量と上位の大国群

小麦は地域別には中近東・アジアで4割弱、ヨーロッパ(CIS《独立国家共同体》含む)で3割強、北アメリカで1割弱が生産されています。国別では中国、インド、アメリカ、ロシア、EUに含まれるフランスの5カ国で総生産量の5割以上を占めます。主な国の小麦生産量とその推移を見てみましょう。

小麦は主食として各国の主要農作物で自国での消費を前提に栽培されています。従って生産量の多い国は消費も多い国といえます。最も生産量の多い中国はパン以外の麺類などにも小麦が利用されていますが、人口によるシェアが大きいことに加え、近年では、経済発展にともなう食生活の向上と食の欧米化の傾向から、需要が爆発的に伸び、輸出国から輸入国に転じるなど大きく変化をしています。

長期的に見ると、順調に推移してきた小麦の生産量ですが、2008年以降、世界的な異常気象が発生、2011年にはアメリカ・ミシシッピ川流域での大雨による洪水、オーストラリア北東部での洪水、また2012年にはロシアやウクライナでの干ばつ、アメリカでの高温・乾燥気象など、大生産国で小麦の収穫が大幅に落ち込んでおり、価格が急騰する要因となっています(P111、115参照)。

表4-1 国別小麦生産量の推移

順位	国名	2011/12	12/13	13/14	14/15
1	中　国	117,400	121,023	121,930	124,000
2	インド	86,870	94,880	93,510	95,850
3	アメリカ	54,413	61,671	57,961	54,205
4	ロシア	56,240	37,720	52,091	53,000
5	カナダ	25,288	27,205	37,500	28,000
6	オーストラリア	29,905	22,856	27,013	26,000
7	パキスタン	25,000	23,300	24,000	24,500
8	ウクライナ	22,324	15,761	22,278	21,000
9	トルコ	18,800	15,500	18,000	15,000
10	イラン	12,400	13,800	14,500	13,000
11	カザフスタン	22,732	9,841	13,941	13,500
12	アルゼンチン	15,500	9,300	10,500	12,500
13	エジプト	8,400	8,500	8,650	8,950
14	ウズベキスタン	6,300	6,700	6,800	6,800
15	ブラジル	5,800	4,380	5,300	6,300
	世界合計	695,991	657,700	714,203	705,174
	EU※	(138,182)	(133,846)	(143,324)	(147,875)

単位:千トン 順位は2013/14のもの 2014/15は推定　※は参考数値
出典:USDA(米国農務省)「世界の農業生産 2014」

生産地以外でも需要が増加

貿易という観点から小麦を見てみます。輸出の上位にはアメリカやEU諸国といった生産上位の消費国も見受けられますが、カナダ、オーストラリアやウクライナなどの農業大国も上位に食い込んでいます。半面、輸入国には気候的に小麦の生産ができないアフリカ諸国のエジプト、アルジェリアや中近東の国々、需要が増大している中国やインドネシア、日本などが見られます。また、食生活の変化により世界各地で需要が増え、小麦の輸入国は増える傾向にあります。

表4-2　小麦の主な輸出国と輸入国

主な輸出国	輸出量と全体に占める割合		主な輸入国	輸入量と全体に占める割合	
アメリカ	31,500	19.6%	エジプト	10,300	6.4%
EU	30,500	19.0%	インドネシア	7,400	4.6%
カナダ	22,000	13.7%	ブラジル	7,060	4.4%
ロシア	18,500	11.5%	中国	7,000	4.4%
オーストラリア	18,500	11.5%	アルジェリア	6,900	4.3%
ウクライナ	9,500	5.9%	日本	6,200	3.9%
カザフスタン	8,300	5.2%	イラン	6,000	3.7%
インド	5,200	3.2%	アメリカ	4,800	3.0%
トルコ	4,300	2.7%	ナイジェリア	4,650	2.9%
アルゼンチン	1,600	1.0%	トルコ	4,200	2.6%
世界合計	160,641		世界合計	160,641	

単位：千トン　割合は整数　　　　　　　　　　出典：USDA（米国農務省）「世界の貿易2014」

生産量から消費量を引いたものが在庫となるわけですが、その数値は消費のほぼ3カ月分程度なので日本の米事情よりも深刻といえます。

表4-3　小麦の在庫推移

	2010/11	11/12	12/13	13/14	※14/15
生産量	651	696	658	714	705
消費量	655	697	679	700	700
期末在庫	198	197	176	184	190
前年度比	−13	−1	−21	+8	+6

単位：百万トン　※2014/15は予測　出典：IGC（国際穀物協議会）公式HP「需要と供給」

各国の小麦、その特徴と用途

【フランス】

EU の中では最大の 20％以上の農業生産額を誇り、国内全土に広大な農地が広がる伝統的な農業国。海洋性、大陸性、地中海性の気候区分があり、夏に高温で乾燥する大陸性気候は特に小麦の栽培に適しています。小麦の自給率は 100％で、輸出も EU 内の 36％を占めています。

ほとんどの地域で小麦を生産し、その地域で製粉するので産地により小麦粉の品質に差があります。フランスの小麦粉は含まれる灰分量によって 45、55、65、80、110、150 というタイプに分類されています。バゲットなどのフランスパン用には灰分パーセント 0.5 〜 0.6 のタイプ 55 が使われます。タイプ 45 はケーキ用、タイプ 65 はビスケット用などで、タイプ 80 以上は全粒粉に近いものです。

フランスパン（バタール）

【ドイツ】

ドイツはフランスと並ぶヨーロッパにおける農業の中心地でフランスと同様に全土で小麦が生産されています。またドイツでも小麦粉は灰分量により 405、550、812、830、1050、1600、1700 と全粒粉に分けられています．パンとしては 550 が使われるようですが、ドイツのパンの特徴は何といってもライ麦粉を使用したパンがポピュラーなことです。南部では小麦粉のパンが主流ですが寒冷な気候の北に行くほどライ麦パンが食べられています。しかし近年は、ドイツでも食生活の変化により伝統的なパンだけでなく、多くの種類のパンが見られるようになっています。

ドイツパン（ロッゲンミッシュブロート）

【イギリス】

EU内では3番目の生産量ですが（加盟当時）、パンに適した品種が少なく、たんぱく質含有量も少ないので混合した粉を使用したり、チョリーウッド製法（ストレート法を応用し高速ミキサーで混合と生地熟成を同時に行う連続短時間製パン法）を利用したり、グルテンを添加したりすることでパンの質を保っています。また、小麦粉の約13%はビスケット類に使われるというお国柄でもあります。

ビスケット

【アメリカ】

北中部のノースダコタ州から中部のカンザス州までを中心にほぼアメリカ全土で栽培されています。種類としてはふすまを取り除いた「ストレート粉」、ふすまに近い部分を若干取り除いた日本の2等粉に近い「ロング・パテント粉」、ケーキなどに使われる「ショート・パテント粉」に分類されます。またケーキミックスなど用途別に、さまざまな配合の小麦粉が市販されているのも特徴です。

【ロシア】

シベリア南部から西部ロシアのルーマニア、ウクライナ国境まで広がる冷温帯のステップ気候の黒土地帯が主な栽培地で世界4位の生産高です。黒土とはチェルノーゼムと呼ばれる有機質を豊富に含んだ土壌で小麦の栽培に適し、この黒土地帯は「世界の穀倉地帯」とも呼ばれています。しかし2010年、130年ぶりの干ばつにより壊滅的な被害を受け、政府は輸出を禁止、さらには翌年用の作付けも危機的な事態に陥ったこともあり、小麦の世界価格にも大きく影響してきています。

【中国】

コメが重要な作物である中国は、小麦も世界最大の生産国です。主に黄河北部で栽培されており、約70%の小麦粉が饅頭、残りも多くは麺類として消費されていてパンが主な消費である他国とは大きく異なります。同じ饅頭でも北部では硬質小麦粉を、南部では軟質小麦粉や輸入の小麦粉を使うことが多いようです。世界一の生産を誇る中国ですが、近年は経済発展にともなう消費の拡大や開発による穀倉地帯の減少により生産が需要に追いつかず、輸入が増えてきています。

2 小麦の価格変動

小麦はパンのみならず、多くの食品などに使用される穀物です。最近、日本でも小麦の価格が高騰していろいろな商品が値上げされることがニュースになりました。世界商品である小麦の価格のしくみと問題点を考えてみます。

小麦の国際価格の傾向

小麦の国際価格は、10年前と比較すると3〜4倍に高騰しています。その原因としてあげられるのが、世界各地の異常気象や自然災害による不安定な生産量と世界的需要の高まりです。ロシアやインド、アルゼンチンなど輸出を禁止する国も出ており、小麦そのものの生産量は長期的には伸びつつあるものの、世界的に見ると需要に対して供給が追いつかない形になっているため、国際価格が上がっているのです。加えて小麦は先物商品取引の代表格でもあり投機の対象となっていることで、実生産・実消費の状況とは異なる値動きをすることがあります。

小麦の国際価格は世界各国の商品取引所で決まります。世界には各地に商品取引所があり、その取扱商品は取引所によって異なります。小麦は多くの取引所で扱われていますが実質的に国際価格を決めるのはシカゴ・マーカンタイル取引所（旧シカゴ商品取引所）といわれています。

表4-4　その他の主な商品取引所と取り扱い品

ニューヨーク・マーカンタイル取引所	石炭、原油、電力、天然ガス、アルミニウム、金銀など
ウィニベグ商品取引所	小麦、大麦、アブラナ
ロンドン国際石油取引所	原油、石油ガス、天然ガス、電気
上海ダイヤモンド取引所	ダイヤモンド
東京穀物商品取引所	トウモロコシ、大豆、小豆、アラビカ・ロブスターコーヒー、粗糖

▌小麦の国際価格の現状

2012年の小麦の平均価格は1ブッシェル8ドルを超え、5年前に比べると約2倍ほどの価格で推移しています（価格はすべてシカゴ相場）。
特に2007年以降の価格変動は激しく、大豆やトウモロコシと比較して不安定なことがわかります。

図4-3　穀物類の国際価格の推移

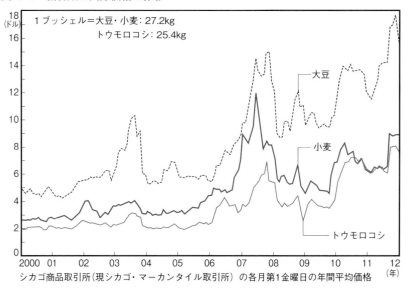

1ブッシェル＝大豆・小麦：27.2kg
トウモロコシ：25.4kg

シカゴ商品取引所（現シカゴ・マーカンタイル取引所）の各月第1金曜日の年間平均価格

シカゴ・マーカンタイル取引所

アメリカ・イリノイ州シカゴにある世界最大の取引所。前身は「シカゴ商品取引所」で2007年にシカゴ・マーカンタイル取引所に買収されました。周辺の地域が穀物の一大産地であり、シカゴがその集散地であったことから、小麦をはじめ、大豆やとうもろこしの国際相場がここで決まり、その価格は「シカゴ相場」と呼ばれます。

第4章　パンの未来学

小麦価格の高騰とその要因

前にも少し述べましたが、小麦の価格が高騰している原因を詳しく見てみます。

【需要の増大と輸出規制】

経済成長が著しい国や発展途上国においては、人口増加や食生活の変化などが原因で小麦の消費量が上がります。これら従来輸出をしていた国で国内需要が高まると、主食である小麦は輸出を制限することになり、世界市場での流通量が減少し、価格が高騰します。

**表 4-5　小麦を輸出規制した国と
その措置（2010 ～ 11 年）**

ロシア(4位)	輸出禁止措置　2010年8月
ウクライナ(6位)	輸出税賦課　2011年7月
インド(8位)	輸出制限　2011年9月
アルゼンチン(10位)	輸出制限　2012～15年

※かっこ内は2013/14年の輸出実績順位
出典：農林水産省「農産物の輸出規制の状況」

2009 年には一時緩和する動きはあったものの、2010 年には干ばつの影響による生産量の激減で、ロシアやウクライナが一定期間輸出を禁止する措置をとったことで価格が上昇しました。これらは 2011 年に解除されましたが、アルゼンチンでは2012 年以降、生産の大幅減少により輸出を制限しています。

【穀物のバイオ燃料への利用とその影響】

地球温暖化対策として、環境にやさしいとされるバイオ燃料の生産が世界的に拡大しています。その原料となるトウモロコシやアブラナなどを栽培するために、結果的に小麦の生産が減少しています。さらに、バイオ燃料の原料が値上がりすることで油脂や砂糖、イーストの原料である粗糖の価格までも上昇しています。

【異常気象】

地球温暖化の深刻化にともない、世界中で異常気象や干ばつなどが多発しています。2006年から2008年にかけて、オーストラリア南部で大干ばつが、2010年にはロシアやウクライナでも高温小雨により大干ばつが発生し、小麦の市場価格に深刻な影響を与えました。その後も毎年のように世界各地で異常気象は続き、2012年のアメリカのハリケーンによる洪水、2013年のオーストラリア南東部での干ばつなども小麦の価格高騰の原因となっています。

図4-4 2014年に起きた世界の異常気象

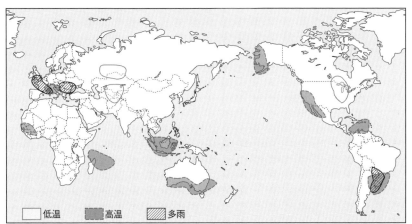

出典：気象庁「世界の年の気候2014」

【その他の要因】

穀物価格高騰の主な要因は前述の3つといわれていますが、小麦に関してはさらに別の要因が考えられています。

そのひとつに食生活の変化による需要増加があります。日本もかつて歩んできたように、新興国や発展途上国ではそれぞれの国の経済的発展にともなって食文化が変化し、欧米風の食生活になってくる傾向があります。特に主食、嗜好食での消費が多い小麦にはその傾向が表れ、量的な増加とも相まって需要が増大していきます。

3 ❦ 深刻化する食糧問題

生産量は増加傾向にあるのに、価格が上昇している背景には世界人口の
爆発的増加があります。世界レベルで増え続ける人口とそれに関わる問題
について考えてみます。

世界人口の増加

世界の人口は現在、72億人です（2015年データ）。今後、アジアやアフリカなど
の発展途上国を中心に増え、2050年には1.32倍の95億人を超えると予想され
ています。

表 4-6　世界人口の推移

年次	世界	アジア	北アメリカ	南アメリカ	ヨーロッパ	アフリカ	オセアニア	先進国の割合	発展途上国の割合	日本
1950	2,526	1,396	227	112	549	229	13	32.2%	67.8%	84
1960	3,026	1,695	277	148	606	285	16	30.2%	69.8%	94
1970	3,691	2,129	327	192	657	366	20	27.3%	72.7%	105
1980	4,449	2,634	378	241	695	478	23	24.3%	75.7%	117
1990	5,321	3,213	432	296	723	630	27	21.6%	78.4%	124
2000	6,128	3,717	493	348	729	808	31	19.5%	80.5%	127
2010	6,916	4,165	549	394	740	1,031	37	17.9%	82.1%	128
2020	7,717	4,582	603	435	744	1,312	42	16.5%	83.5%	124
2030	8,425	4,887	652	468	736	1,634	47	15.4%	84.6%	116
2040	9,039	5,080	692	491	724	1,999	52	14.4%	85.6%	107
2050	9,551	5,164	723	505	709	2,393	57	13.6%	86.4%	97

単位：100万人　　　　　　　　　　　　　　　　　　　　　　出典：総務省統計局資料

さらに、発展途上国では生活の向上とともに穀物や油脂、食肉などあらゆる品目で需要が伸びていきます。世界全体で見た時の食糧の需要はいっそう増えると考えられているのです。

図 4-5　世界の穀物需要予測

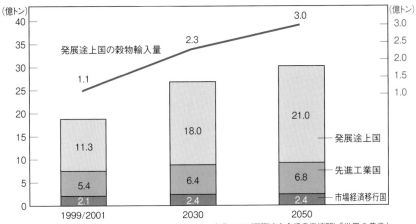

出典：FAO（国際連合食糧農業機関）「世界の農業」

穀物需要の増大により、切り開かれたアマゾンの熱帯雨林
（写真提供：熱帯森林保護団体）

食糧不足と飢餓

人口増加により最も懸念されるのが飢餓です。

世界の飢餓の状況を示すものに FAO（国際連合食糧農業機関）の定めた「世界飢餓指数」があります。5 歳未満の栄養失調率と死亡率、カロリー欠乏人口から飢餓状況を点数化しているものです。この飢餓指数をもとに作られているのが「ハンガーマップ」で、色分けにより、ひと目で状況がわかるようになっています。深刻な飢餓状況にあるとされるのは飢餓率 25％以上で、サハラ砂漠以南のアフリカとアジア、中南米の一部の 20 数カ国ほどで地図上にカラー表示されている国々です。徐々に改善されつつありましたが、近年の紛争などにより、新たな地域が増えることも懸念されています。

図 4-6　ハンガーマップ

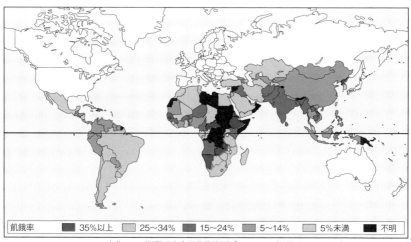

| 飢餓率 | 35～以上 | 25～34% | 15～24% | 5～14% | 5%未満 | 不明 |

出典：FAO（国際連合食糧農業機関）「FAOSTAT（統計データベース）2014/HUNGER」

2015 年の世界飢餓指数報告書によると、平均では世界の飢餓指数は 2009 年の 15.2 点から 10.9 点までに減少する見込みです。地域別に見てみると、途上国の経済発展などにより、アジアとラテンアメリカでは飢餓状況が改善される傾向がありますが、まだ世界全体を見て飢餓状況が改善しているとはいえません。特にサハラ以南の中南部アフリカにおいてはまだまだ厳しい状況です。

飢餓の要因

歴史的には貧しい農民などが農業を行うための土地や水、種を確保する資金がないため自給自足できず、子どもにも教育を受けさせられないため貧困が連鎖する慢性的な貧困が飢餓を引き起こす要因でした。しかし最近は次のような要因によって飢餓の状況が発生しています。

【紛争など】

近年問題となっているのは紛争、政治的不安定、経済崩壊などによる飢餓です。アフリカや朝鮮民主主義人民共和国では、この要因によってむしろ飢餓状況が悪化していると考えられています。紛争による働き手の不足、経済崩壊による食糧不足などが飢餓状況を招いているのです。

また、北アフリカや中東、南アジアなどで起きている紛争では、多くの難民が発生しており、飢餓の発生も懸念されています。

【自然災害】

地震や津波、洪水、干ばつなどの自然災害が起きると、農作物が被害を受け、人々は家や家財、仕事などの生活基盤を失います。近年、気候変動の影響から世界的に異常気象や自然災害が発生しており、被害は一層深刻化しています。

2011年3月の東日本大震災では一時的に食糧の入手が困難になりました。食糧不足は早期に解消に向かいましたが、放射能による土壌汚染なども発生し、農地やインフラの復興までにはまだまだ時間がかかります。また、最近では TPP 締結後の自由貿易化で、農業就業人口の減少など、生産高の向上に新たな懸念もあります。

ハイチ地震への食糧援助（FWP　世界食糧計画）
© FWP ／ Marcus Prior

4 食糧問題の対策

これまででわかってきた世界の人口問題、食糧問題に対してどういう対策がとられているのでしょうか。そしてその中で日本が果たしてきた役割を考えていきます。

生産性向上の歴史

第二次世界大戦後、世界の人口は爆発的に増加してきました。それに対して食糧の生産性向上に関してさまざまな取り組みがなされてきています。最も大きな出来事として「緑の革命」があげられます。

アメリカの農業学者、ノーマン・ボーローグ（1914～2009年）は1944年に研究グループを立ち上げ、ロックフェラー財団などの支援を受け、穀物の生産性向上を指導しました。在来品種の場合、収穫が多いと穂が倒れやすくなり、一定以上の肥料を与えると収量が減ってきます。この研究でボーローグらは短程品種（作物の背が低い半矮性を持つ品種）による交配で倒れにくく、気候に影響されにくいという新種を開発しました。

この開発や化学肥料の増投により、小麦やコメの生産性は飛躍的に向上し、危惧されていた東南アジアなどの食糧危機が回避されました。ボーローグは1970年にノーベル平和賞を受賞しました。

ノーマン・ボーローグ博士
（写真提供：EPA= 時事）

しかし、増加した都市部の食糧難を解決し、大規模農家に大きな収入をもたらした半面、農民の経済的改善には至らず、農業人口の低下を招いたとの指摘もされています。

品種改良と新技術

最近の食糧問題として注目されているのが、遺伝子組み換え作物（GMO）の問題です。生物が持つ特徴や性質を次世代へ伝える遺伝子。その特定の要素を持った遺伝子の一部を切り取って、別の種類の生物の遺伝子に組み込むことで、組み込まれた生物の性質などを変えることができます。

このように性質を変え、特定の病気や害虫に対応するなどの品種改良を行った作物が「遺伝子組み換え作物」です。交配による品種改良と違い、人工的に遺伝子を組み換えるため、種の壁を超えてほかの生物に遺伝子を導入することができ、農作物などの改良の範囲を大幅に拡大し、改良の期間が短縮できます。

しかし、新しい技術でできた作物であることから、小麦に関しては日本をはじめ先進国では導入が慎重に考えられており、消費者の理解が得られているとも言いがたい状況です。

Bench Time
Bread Column

国際トウモロコシ・コムギ改良センター

前身はボーローグ博士が研究を行ったメキシコにある国際農業研究機関。1966 年に創設され、FAO（国際連合食糧農業機関）、世界銀行などを発起機関とし、世界の貧困と飢餓を解決するため、三大穀物のトウモロコシと小麦の品種改良と関連開発を行っています。

日本の農業問題

日本では戦後の復興の過程で原料を輸入し、工業製品などを輸出する政策をとってきました。その半面、農業の分野で国内農業保護の立場から農業従事者を保護する政策もとられてきました。「米余り」の現象が現れ始めた1970年代からは減反政策によりコメの生産を抑える方向に向かっていきます。

農業離れが起こることで農村から都市へと人が移り住み、都市部の人口は増大し日本の産業は高度成長期を迎えます。一方、農業人口は減少し続け、農業製品は国際競争力を失っていきます。工業製品などは輸出が盛んになりますが、コメ以外の食糧は国際価格が安定していたことや円高のため、輸入に頼るようになりました。

ところが近年、国際的な食糧問題が起こり、日本の食糧自給率の低さが大きな問題となってきています。

図4-7 コメと小麦の自給率推移（概算数値）

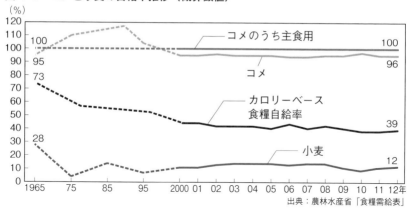

出典：農林水産省「食糧需給表」

カロリーベースによる食糧自給率は2012年で39%です。自給率の高い伝統的なコメ主体の食生活から、パン食による小麦、乳製品、畜産物などの自給率が低い食物の消費が増えたことで、食糧全体の自給率が低下したのです。

主食用のコメは100%を維持していますが小麦は1965年の28%から大きく下がっているのがわかります。

日本の食糧自給率は、先進国の中でも最低の基準です。イギリスの自給率は65%、ドイツは86%、フランスは125%という高い数値です。

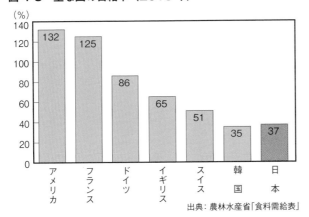

図 4-8　主な国の自給率（2018 年）

出典：農林水産省「食料需給表」

■| 日本の農業研究

日本では戦前から品種改良などの農業研究が行われています。その研究の中で世界的な貢献をした小麦品種が「農林 10 号」です。「農林 10 号」は日本在来の「白達磨」の半矮性の遺伝子を受け継いだ「フルツ達磨」と「ターキーレッド」の交配から育成され、1935 年に「農林 10 号」として登録された日本生まれのコムギ品種です。戦後、アメリカ農業省の S.C. サーモンが、種子を持ち帰り「ゲインズ」を開発、またボーローグは「農林 10 号」とメキシコ品種の交配から「Bevor14 系」を開発、前述の「緑の革命」に大きく貢献しました。

Bench
Time
Bread Column

TPP 問題

2015 年 10 月、環太平洋の諸国で貿易の自由化を目指す TPP（環太平洋経済協定 Trans-Pacific Partnership）が合意に至りました。この協定は加盟国間で取引されるすべての品目について、関税を撤廃するという考え方が原則です。2022 年現在の参加国は日本のほか、オーストラリア、ニュージーランド、カナダ、メキシコ、ペルー、チリ、ブルネイ、シンガポール、マレーシア、ベトナムの 11 ヵ国。この取り決めの最終的な合意点は、すべての関税の撤廃なので、それぞれの加盟国は国内事情を考慮した対策が必要です。日本にとっても、農業・漁業への対策や生産の改革が求められます。

これまで学んできたように、パンの原料である小麦は世界食糧として大きな岐路に立たされています。ではこれからの日本のパン市場、パン文化はどうなっていくのでしょう。このことはパンシェルジュにとっても考えるべき課題といえるのではないでしょうか。

食生活の変化

明治以来、第一次・第二次世界大戦を経て日本人の食生活は大きく変化してきました。明治から大正時代にかけては、コメを主食とした野菜やイモが中心の食生活で、主なたんぱく源は大豆製品（しょうゆ、みそを含む）でした。

昭和初期には徐々に魚介類、果物などの消費も伸び、食卓に上がる品目の数が増えてきましたが、転じて第一次・第二次世界大戦中は食糧難の時代となりました。主食のコメを確保するだけでも大変になり、魚介類はおろか、野菜も不足になり、日々のエネルギーを確保するためにイモ類の消費が増える形となりました。

戦後しばらくは食糧難が続きましたが、労働力が戻ってコメの生産が徐々に回復するとともに、海外からの物資援助による小麦粉も国内に入ってきました。学校給食におけるパン食の導入と並行して家庭の食生活も幅が広がり、食のスタイルもパン食・洋食という選択肢が増えていきました。

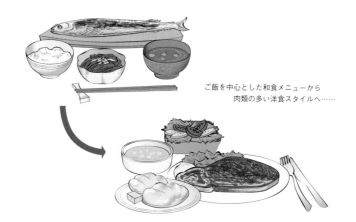

ご飯を中心とした和食メニューから
肉類の多い洋食スタイルへ……

図4-9　種類別の供給量の変化（1人1日あたり）

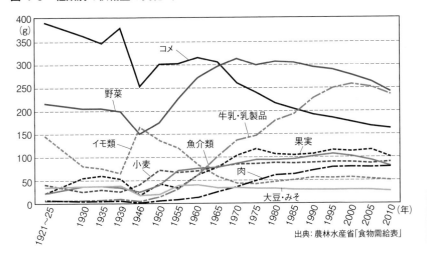

出典：農林水産省「食物需給表」

上の図からもわかるように1970年代からは日本人の生活スタイルが大きく変わっていった時期です。では具体的にどう変わっていったのでしょう。下の図を見ると炭水化物主体の摂取から脂質が大きく増えていることがわかります。

また、たんぱく質は総量では変化がないようですが摂取していた食料がコメ、大豆などの植物性たんぱく質から肉類や乳製品などの動物性たんぱく質に変わっていきました。

図4-10　日本人の食バランスの推移

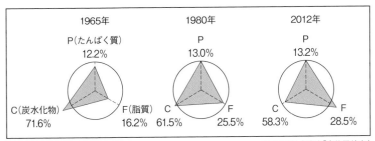

出典：農林水産省「食物需給表」

┃日本の消費者志向

近年、このような脂質の行きすぎた摂取を見直す傾向があります。
飽食による、メタボリックシンドロームをはじめとした生活習慣病に考慮した、健康・安全の意識が高まってきています。

「おいしさ」を求めていることは変わりませんが、低カロリー・低脂肪の食事や、添加物や生産地を明確にした食品を求めるなど、安心して健康に食べられる食事が選ばれるようになってきています。このことはほかの先進国も同様で、いわゆる「量から質へ」と変わってきたともいえます。

安全を求めるニーズが、生産地や生産者の顔が見える食材へのニーズとなり、国産品質を求めることになっているともいえるのではないでしょうか。最近注目されている考え方に、その土地で作られたものをそこで消費するという「地産地消」があります。この考えは、フードマイレージの観点からも効果が期待できます。

図4-11　地産地消に期待される効果

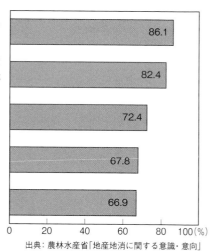

食や農に関する消費者の理解と関心が高まるなど食育につながる　86.1

地域の生産者などと地元食品企業や学校などとの連携が生まれるなど、地域全体の活性化につながる　82.4

食糧自給率の向上につながる　72.4

農産物の輸送距離が短くなり、排出ガスの削減など環境負荷低減につながる　67.8

地域の農地や環境、農村が守られる　66.9

出典：農林水産省「地産地消に関する意識・意向」

■ フード・マイレージとは

食糧の輸入などにより、遠くから食糧を運ぶと、輸送のためのエネルギーを消費し、地球の環境に大きな影響を与えます。そのために、なるべく消費地の近くで生産された食材を食べた方が、輸送による環境への負荷が少ないという仮説を前提として考えられたものが「フード・マイレージ」の考え方です。イギリスの消費者運動家ティム・ラングが 1994 年から提唱している概念（"Food Miles"）です。

フード・マイレージ
＝ 輸入相手国別の食糧輸入量×輸出国から日本までの輸送距離
（単位：t・km）

■ 進化する日本の農業技術

このような消費者の高いレベルのニーズに応えて生産者の努力もなされています。価格ではなく品質で勝負ができるブランド開発などもそのひとつです。今までは食料品は輸入一辺倒でしたがコメや野菜などは、海外への輸出も増えています。成長が著しい中国沿岸部の都市で日本のコメの人気が高いなどはその一例です。
世界的な基準として「グローバル・スタンダード」という言葉がありますが、その反面独自の基準で発展をとげる日本の産業界は「ガラパゴス化」したといわれていますが、この言葉は農作物や食品にもあてはまるのかもしれません。

Bench Time *Bread Column*

飽食大国日本

日本は世界各地から食料を輸入する一方で、大量に無駄にもしています。2010 年の農林水産省総合食糧局のデータによると、日本で出る年間食品廃棄物約 1700 万トンのうち、可食部分とされる「食品ロス」は事業所や家庭からのものをあわせて約 500 万～ 800 万トンにもなります。この量はナミビア、リベリア、コンゴ民主共和国の国内仕向け量に相当します。削減に向けて、努力が続けられています。
農林水産省　2012 年統計より

日本のパンづくりの役割

日本のパン屋さんでは世界中のパンが販売され、また、本場のパンコンクールでも日本人のブーランジェが活躍するなど今や、日本のパン品質は世界でもトップクラスといわれています。

そんな日本のパンづくりには、より健康的でおいしいパン、新しい素材で生み出す今までにないパンが求められています。

また研究・開発の分野での品種改良や関連した農地改良も日本の技術が生かせる分野です。特に世界食糧小麦に関する食糧問題の解決は緊急の課題であり、世界の農業がつながっている今、日本の研究力が求められています。

世界に先駆けて高齢社会となっていることで高齢者向けの原料・製法の改良、パンの開発も日本のすすむべき方向だといえるでしょう。

常に私たちの身近にあるパンですが、パンがより進化し、世界中で人々の生活を支え、多くの人を幸せにするために、それぞれの立場でできることを実行することがパンの伝道師「パンシェルジュ」の役目でもあるといえるでしょう。

図 4-12　高齢化が進む各国の推移比較

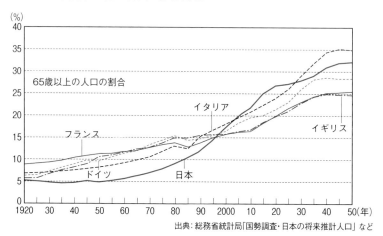

出典：総務省統計局「国勢調査・日本の将来推計人口」など

128

進化する機器

日本が得意とする工業製品の開発も日本のパン文化を支えています。そのひとつにホームベーカリーがあります。2000年代に登場したホームベーカリーはその後も進化を続け、下記のような新しい機能が加わって多機能化することにより、消費者のニーズに応える製品になってきています。

・使える材料の多様化

小麦粉だけではなく、全粒粉や米粉、ライ麦粉など、さまざまな種類の粉に対応ができるようになってきました。アレルギー対応としての米粉パンの人気の高まりとともに、この米粉パンに特化した機能を持つ商品も登場しています。

・焼けるパンの多様化

食パンだけでなく、あんパンや、ハーフサイズのパンなどが作れます。スチーム機能を搭載することで蒸しパンができたりするなど、パンの種類も増えてきました。今まではむずかしかった、フランスパンのようなハードタイプのパンが焼ける機能がある製品も登場しています。

・メニューの多様化

パン以外にも、ジャムができたりケーキが焼けたり、もちやあん、うどんやパスタなどの麺類にも対応。1台でいろいろなメニューが作れるようにもなっています。

米粒だけでパンが作れるパナソニックの「GOPAN」。
（写真提供：パナソニック株式会社）

第 4 章　練習問題

問 1　小麦の栽培に向いている年間降水量の限界として適切な量はどれか。

1. 100mm
2. 300mm
3. 500mm
4. 900mm

問 2　2014 年の統計で小麦の生産量で上位 5 カ国に入らないのはどの国か。

1. ロシア
2. 中国
3. インド
4. オーストラリア

問 3　ロシアの小麦栽培地帯でシベリア南部からウクライナ国境まで広がる「世界の穀倉地帯」の土壌は何と呼ばれるか。

1. 黒土
2. 泥土
3. 腐葉土
4. 赤土

問 4　小麦の価格高騰の原因として適切でないものはどれか。

1. 穀物のバイオ燃料利用
2. 経済崩壊
3. 食生活の変化
4. 異常気象

問5 ノーマン・ボーローグ博士が指導し、穀物の生産性が向上した研究は何と呼ばれているか。

1. 緑の革命
2. 農地改革
3. 農業改革
4. 肥料改革

問6 遺伝子組み換え作物は略して何と呼ばれるか。

1. FAO
2. TTP
3. TQC
4. GMO

問7 日本人の食物の摂取に関する記述で正しくないものは次のどれか

1. 2012年の調査で、タンパク質（P）、炭水化物（C）、脂質（F）のうち1965年と比較して大きく伸びたものは脂質である。
2. 2014年の1人1日あたりの食糧別供給量で最も供給量が多いのは肉類である。
3. 日本人のタンパク質の摂取元は植物性タンパク質から動物性タンパク質に変わってきている。
4. 食糧別供給量で米は1965年以降、毎年減少し続けている。

 問1　答え **3**
年間降水量として 500mm が限界とされているが灌漑設備を利用すれば乾燥地帯でも栽培が可能である。（詳細→ P106）

 問2　答え **4**
オーストラリアは 2011/12 年までは 5 位であったが、異常気象による干ばつなどで 2012/13 年より後退、2013/14 年では 6 位である。（詳細→ P108）

 問3　答え **1**
ロシア語で黒い土、チェルノーゼムと呼ばれる土壌で多くの有機質を含んだ肥沃な土壌。ロシア以外にも存在するがロシアの黒土は広大な範囲に及んでいる。（詳細→ P111）

 問4　答え **2**
経済崩壊は農民の離散などで間接的に価格の高騰に結びつくこともあるが、必ずしもそうではない。
（詳細→ P114 〜 115）

 問5　答え **1**
アメリカの農業学者、ノーマン・ボーローグは短稈品種による交配で倒れにくく、気候に影響されにくいという新種を開発し小麦やコメの生産性を高め、後に「緑の革命」と呼ばれた。（詳細→ P120）

 問6　答え **4**
遺伝子組み換え作物は Genetically Modified Organism の頭文字から GMO とも呼ばれる。ただし作物だけとは限らない。 FAO は国際連合食糧農業機関のこと。（詳細→ P121）

 問7　答え **2**
2014 年の統計で供給されている 1 人 1 日あたりの食糧の種類で最も多いものは、250g 前後の野菜類、牛乳・乳製品の順であり、肉類は 100g 以下である。（詳細→ P125）

第5章
パンの経営学

パンシェルジュは消費者がパンを購買するショップの
経営知識について知っておくことも重要です。
この章では主なパンショップの形態と、
そのうちのリテイルショップ経営のための基本的な知識、
さらにはそのショップを発展させていくロードマップを通して
パンシェルジュとしての知識を深めていきます。

1 ✤ パンショップの経営形態

パンショップの経営を学ぶ上で、まず現在どのような形態があるかおさらいをしてみましょう。また、今後発展が見込まれるパンショップの形態についてもあわせて考えていきます。

▋ 主なパンショップの形態

実際にショップを開店し、商品を販売する形態。現在、市場にある多くの形態です。

【 チェーンベーカリー 】

店内で一貫生産もしくは焼成するショップを複数展開している企業。独自の商品カラーを打ち出し、商品の開発に力を入れています。企業規模によってはいくつかのブランドでターゲットの多様化に対応している企業も見受けられます。

【 リテイルショップ 】

パンを小売りする店舗。これにはパンメーカーから仕入れし販売するいわゆるパン屋さんや、パンも販売するコンビニエンスストアやマーケット、店舗内に工房を備え独立して経営を営むショップ（ベーカリー、ブーランジェリー）など現在のパンマーケットの大半のショップがこれにあたります。

【 ブーランジェリー 】

リテイルショップのひとつですがシェフ・ブーランジェリーのコンセプトを明確に打ち出し、より付加価値の高い商品やサービスを提供することで、近年、消費者の高い支持を受けているショップ形態。ブーランジェリーはフランス系のパンを中心に販売するショップで、ベッカライはドイツ系の、パネッテリアはイタリア系のパンを中心に販売するショップです。

新しい販売形態

近年は新しい販売の形態も登場し、注目されています。実際ショップを開かなくてもパンを販売するには以下のような方法があります。

【インターネット販売・ウェブショップ】

実店舗に対しヴァーチャルショップとも呼ばれる、インターネット上のショップを利用した販売方法。

遠方のお客さまも容易に来店でき、物流システムの飛躍的発達で輸送費の消費者負担が少なくなり、実際の店舗に比べ出店コストも格段に安いメリットがあります。しかし、膨大なホームページの中でショップのホームページへのアクセス数をどのように増加させるかという課題もあります。アクセス数を増やすために、大手インターネット商店街に加盟することもひとつの策です。

【移動販売】

週末ににぎわう公園の駐車場や繁華街の一角にクレープやアイスクリーム、焼き鳥などを販売している車があります。これと同じように小型トラックにパンを焼く機械を載せて、さまざまな場所に移動してパン販売する車を見かけるようになりました。移動販売も出店コストは実店舗に比較すると安くすみます。

移動販売（写真提供：元祖横浜カレーパン）

しかし、路上での販売には基本的にその地域所轄の警察署の許可を得なければなりません。そのため、例えば大型スーパーマーケットと契約し、駐車場の一角を利用する方法があります。

【ケータリング】

ケータリングとは、一般的には出張サービスのことをいいます。料理を別の場所、またはお客さまの自宅や会場で作り、食べてもらうものです。単なる配達はデリバリーなどと呼ばれます。パンのケータリングもお客さまの実情に合わせてさまざまな方法が考えられます。また、お客さまの要望に柔軟に応えられる体制が望まれます。例えば、焼きたてのパンを食べたいという要望ならば、数量と設備などを考慮します。

2 ショップの開店にあたって

新しくパンショップを開店するにあたっては、明確にしておかなければならないことがあります。実際の準備を始める前に行うべきことを確かめましょう。

経営理念とショップ・コンセプト

経営理念とは、経営者となる方の思いとそれを達成するための強い意志といえます。なんとなくや思いつきだけでは成功は望めません。技術がないからといって成功しないということもありません。パンショップを経営するにあたって、自分自身の強みと弱みを分析し、目指すショップのイメージや社会への役割を考えて自分なりにまとめた方針が経営理念といえるでしょう。

さらに経営理念をもとにお店のショップ・コンセプトを具体的に立てることは経営者にとって最も重要なことです。

市場には多くのお店があります。消費者は常にその中からお気に入りのお店を選んでいます。そのため市場には常に競争が起こります。自分のショップを継続し、発展させていくためには、ショップ・コンセプトを明確にし、お客さまへ明示することは不可欠です。

ショップ・コンセプトは、「誰に」「何を」「どのように」の3軸で考えるのがよいでしょう。ターゲットとするお客さまや、自分たちのこだわりや強みをもとに、市場でのポジショニングを明確にすることができるようにショップ・コンセプトを設定します。

ショップ・コンセプトの例

誰に ➡	健康・美容に関心が高く、味にこだわる地域住民に。
何を ➡	天然素材、酵母にこだわった安心安全な手づくりパンを。
どのように ➡	ほっとする雰囲気の店舗において、お客さまの疑問にすべてお答えできるていねいな接客で、作りたてを提供する。

店舗の立地場所を考える

同じ商品を、同じ期間・価格・提供方法で売ったとしても、立地によって売り上げは変わります。パンショップを開店する際に、この立地場所は非常に重要な要件です。ショップの立地場所は、面・線・点で考えることが有効です。

面：商圏を考える
商圏とは、来店するお客さまの居住範囲のことです。事業が成り立つために、商圏内に十分な人口がいるのか、ターゲットとしている客層がどれくらいいるかなどを考えます。

線：動線を考える
動線とは、人が移動する軌跡や方向を表す線のことです。商圏内において、店舗候補地の配置に問題がないか、店舗へのアプローチが容易か、周辺に障害物はないかなどを考えます。

点：物件を考える
物件の大きさや形状は自分がやろうとしているショップに適しているか、お客さまからの視認性はよいか、入りやすく出やすいか、などを考えます。

図 5-1　立地を考える

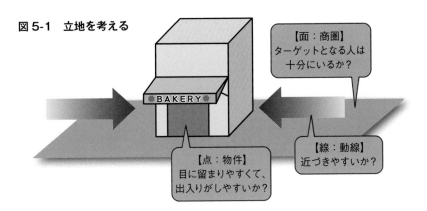

店舗立地は、面（商圏）・線（動線）・点（物件）の順で、大きな視点から小さな視点へと、順番に考えていきます。店舗立地を考える上で大切なことは、最初から物件（点）にとらわれないことです。新築で賃借料も安いなど、「物件」が好条件であっても、決して「商圏」「動線」の視点を忘れないことが重要です。

3 ショップ開店の初期費用

ショップを開店する際に必要な費用にはどのようなものが考えられるでしょうか。モデルケースをもとに見ていきます。

■ ショップの開店にかかる費用

開店費用はショップの規模や立地条件により金額はさまざまです。東京都下で店舗面積18坪、従業員数1人、賃貸店舗のリテイルショップを例にあげ、開店する時にかかる費用を見てみましょう。

【内装・外装工事】(坪あたり35万円〜)

店舗装飾（天井、壁、看板、照明など）、設備工事（電気、水道、ガスなど）など
内装、外装は一般的に1坪（3.3㎡）あたりで評価されます。35万〜50万円程度が一般的ですが、店舗によっては60万円以上を外装に投資し、見た目のインパクトを重視される方もいるかもしれません。あくまでも総予算を考え、自分が一番大事にするものは何かを明確にして、投資金額を決めます。

店舗の内装、外装は、業者によって見積もりが大きく異なるため、数社から見積もりをとり、十分な比較検討をすることも必要です。

【厨房器具、工房器具】(300万円〜)

ミキサー、オーブン、発酵器、冷蔵庫、モルダーなど
パンショップに必要な主な厨房・工房器具の概算費用を見てみます（機能に関しては P100〜101 参照）。

1. ミキサー
新品で50万円前後から購入できます。パンショップだけではなく、多くの食品製造業でも利用するため、中古品、再整備品も多くあります。主としてかき混ぜる容量によって20リットル、30リットルなどがあり、大きさ・機能によって価格が異なります。ショップに合った機種を選びましょう。

2. オーブン（窯）
オーブンはパンを焼成する機械であり、パンショップの厨房・工房で最も重要な器具といえます。一般的には電気式ですがガス式や薪を使えるタイプもあります。

窯についても各種さまざまなものがあり、国別タイプではドイツ式、スペイン式、フランス式などがあります。ショップに適した大きさに注文する方法もあります。金額的にはオーブンは何段かにもよりますが100万～150万円のものが一番種類も多く、窯だと500万～700万円までさまざまです。どのくらいの量のパンを焼くのかが選択の基準となります。

ショップの顔になるものなので、コンセプトや予算を考慮をもとに検討しましょう。

3. 発酵器（ホイロ）・ドゥコンディショナー

発酵器は50万円前後から、さまざまな種類があります。ドゥコンディショナーは温度管理を行って冷凍から発酵までできる機械ですが、2室以上ものでおよそ100万～200万円前後まであります。各社さまざまな機械とタイプがありますので、実際の納入実績など詳細を確認します。

4. 冷蔵庫

2枚前後の扉で約20万円、4枚以上で30万～50万円が多いようです。冷蔵庫は機能、省エネタイプによって金額が大きく異なるので消費電力から月々の電気料金を算出し、ランニングコストを計算して選定するのがよいでしょう。

5. モルダー、デバイダー、ラウンダー

成形（型）時に使用するモルダーは50万円前後くらいから200万円くらいまであり、能力に応じて価格の幅があります。生地の分割時に使用するデバイダーは単体では50万円前後から、生地のまるめ時に使用するラウンダー機能もついたものは200万円前後です。ラウンダー単体では小型のもので7万～8万円からあるので、能力によって見極めた方がよいでしょう。

これらは必ず必要というわけではありませんが、パンの種類とその焼く量によっては、あると効率が上がる器具です。

商品に対するこだわりは、原材料と厨房・工房器具の選択に表れます。そのため、一概にこれがよいとか、あるいは安い方がよいなどということはありません。同じメーカーでも価格や機能がさまざまなので、詳細をていねいに確認し、選択します。また、中古の厨房・工房器具を使用することで、初期費用を抑えることができます。

【販売用什器備品】(約30万円〜)

販売備品（トレイ、トングなど）、レジスターなど

【広告宣伝】(約40万円〜)

開店チラシ作製、ショップカードなど

ショップをオープンする時に必ず経費として計上したいのは広告宣伝費です。よほど条件のよい場所にオープンしない限り、開店後ただちにお客さまが並んでくれるということはありません。そのため、近隣の住宅にチラシをまく、新聞の折り込み広告を入れるなど各種媒体を検討し、アピールする必要があります。

【包装資材その他】(約70万円〜)

パン袋、パンを包むためのグラシン紙、手提げ袋、シールなど

パン袋は、バゲットを入れるための細長いものや、食パン用、菓子パン用など、サイズや素材を販売するパンに合わせて数種類用意します。

電話、プライスカード、事務用品、ロッカー、消火器なども必要です。

【運転資金】(約200万円〜)

運転資金は仕入れに関する資金と、運用にかかる資金に分けられます。運用にかかる資金は人件費と一般管理費（家賃、水道・光熱費などの物件費とその他の経費）に分けられます。オープンしてすぐには利益はあがりません。開店資金として、3カ月分くらいの運転資金を用意しておくのがよいでしょう。

【不動産取得費用】(100万円〜。坪あたり1万円とした場合)

家賃、敷金、礼金

個人経営のショップの場合、10〜18坪くらいが多く、あまり大きな店舗面積を必要としません。その地域では、どのくらいの家賃が多いのかを調べ、商圏の相場を把握した上で不動産取得費用を検討することが大切です。

また、自宅を改装して開業する場合と、賃貸で開業する場合で比較すると、自宅を改装した場合は不動産取得費用が一切かかりませんので、短期的にはその分安くつきます。しかし10年、20年と長期的に見ると、店舗は必ず老朽化してきます。賃貸物件の場合はオーナーに修繕を求めることができる場合がありますが、自己物件の場合はすべて自費となります。

以上の金額を合計すると、このモデルケースの場合、最低でも約1500万円程度かかることになります。さまざまな条件によって異なってきますが、開店後の経営も考えあわせて、十分に検討する必要があります。

設備投資と減価償却

どのような設備投資を行うのか、それは店舗コンセプトによって決まってきます。店舗の雰囲気を南フランス風にしたいということを一番に考えれば内装、外装にある程度の投資が必要になります。そこで考えたいのは減価償却という考えです。

これは設備等に投資を行う場合、一定期間、発生している経費として認めるという財務会計上の考え方です。例えば、前述の内装、外装に関するコストは 3 〜 30 年間、建物は 22 〜 47 年間、厨房設備・什器は 2 〜 10 年間などというように、それぞれの構造や材質など、耐用年数によって償却期間が法律によって定められています。従来は残存価格（これ以上償却が認められない金額）は 10%と定められて、その償却方法もさまざまありました。しかし 2007 年からは、備忘価格[1] を 1 円までとした定額法が認められるようになりました。
ここでは 500 万円の設備を 10 年間の定額法で償却するケースを見て考えてみます。

表 5-1　定額法による減価償却の例

	1 年目	2 年目	3 年目
売上高	12,000,000 円	15,000,000 円	18,000,000 円
製造原価	4,200,000 円	5,000,000 円	6,000,000 円
売上総利益	7,800,000 円	10,000,000 円	12,000,000 円
人件費	4,000,000 円	5,000,000 円	6,000,000 円
物件費[2]	2,500,000 円	2,800,000 円	3,200,000 円
減価償却費[2]	500,000 円	500,000 円	500,000 円
その他経費[2]	700,000 円	1,000,000 円	1,200,000 円
営業利益	100,000 円	700,000 円	1,100,000 円

このケースの場合、1 年ごとの減価償却費はほぼ 50 万円となり、10 年間発生することになります。

※ 1　金額的にはほとんど 0 だが、帳簿上の記録として残す必要があるため 1 円として残す金額。
※ 2　物件費、減価償却費（物件費の一部）、その他の経費をあわせて一般管理費といいます。

4 ❖ 開店に必要な届け

パンショップを開店するには、保健所への届けなどが必要です。その手順と食品衛生責任者の設置義務についても知っておきましょう。

▌営業許可申請

営業許可を受けるためには、営業許可申請を行う必要があり、ショップを管轄する保健所に提出します。また、食品衛生法施工条例にて定める施設基準に合致した施設である必要があります。

営業許可を取得する種類は、基本的には「菓子製造業」ですが、サンドイッチを作る場合には「飲食店営業」となります。さらに、牛乳などを販売する場合には「乳類販売」の許可が必要になります。

営業許可申請の流れ

① 事前相談
   店舗の工事着工前に、施設基準に合致しているかなどを事前に確認するため、図面などを持参し、保健所の食品衛生担当へ相談をする。

⬇

② 申請書類の作成、提出
   必要書類を作成し、保健所に提出する。

⬇

③ 施設検査の打ち合わせ
   保健所の担当者と施設の確認検査の日程などについて相談を行う。

⬇

④ 施設の確認検査
   施設が申請のとおりか、施設基準に合致しているかを保健所の担当者が確認する。検査にはパンショップを開業する人の立ち会いが必要となる。
   また、施設基準に適合しない場合は、不適事項について改善し、再検査を受ける必要がある。

⬇

⑤ 営業許可書の交付

　　保健所で営業許可書の交付を受ける。

⬇

⑥ 営業開始

　　営業開始後は、店舗が基準どおりに維持管理されているか常に点検する
　　必要がある。また、食品の取り扱いなどにも十分留意し、より安全で衛
　　生的なパンを提供するよう心掛ける。

▌食品衛生責任者

パンショップの営業を行う場合、公衆衛生上、問題なく運営できるように、営業許
可を取ったショップごとに食品衛生責任者を置く義務があります。

【食品衛生責任者の資格および資格の取得方法】

食品衛生責任者になるためには、養成講習会を受講しなくてはなりません。ただし、
以下の資格を有している方は講習会が免除されています。

食品衛生責任者養成講習会の受講が免除されている人

栄養士、調理師、製菓衛生師、と畜場法に規定する衛生管理責任者、と畜場法
に規定する作業衛生責任者、食鳥処理衛生管理者、船舶料理士、食品衛生管理
者 (注1) の有資格者。

(注1)
医師・歯科医師・薬剤師・獣医師または、学校教育法に基づく大学で、医学・歯学・薬学・獣医学・畜産学・水産学・
農芸化学の課程を修めて卒業した者など。

5 ❖ 経営に関する数値

ショップを経営するためには、経営数値の把握が必要です。いくら仕入れて
いくら売り上げているか。また経費がいくらかかり、利益はどれだけなのか
を把握することからショップの発展が見えてきます。

▌仕入れと原価

原料の仕入れは、商品そのものを決定する重要な要素です。仕入れ先として一番多
いのは食材問屋と呼ばれる取引先業者です。食材問屋は多くの場合、粉を中心する
問屋、油を中心とする問屋、輸入ナッツなどの乾物を中心する問屋などに分かれます。
ひとつのショップで少ないところでも7～8社、多いところでは20社前後の問屋
と取り引きがある場合もあります。問屋によっては、「この問屋さんは少量でも納品
してもらえる」などのメリットがあるので自分のショップにとってどの業者が有益
か見極めましょう。

一方、地方のこだわり食材を直接仕入れているショップもあります。例えば牧場か
ら直接、品質のよい乳製品や畜産加工物を仕入れることなどがあります。価格は割
高になりますが、味や品質で特色をもたせることができ、お客さまから信頼され、
売り上げにつながればショップとしてはよい判断といえます。

【原価率と原価意識】

100円で販売しているものの原材料金額が30円だった場合、原料原価率は30%です。
原価は実際の原材料のみと考える方が多いようです。会計上はそれでよいのですが、
考え方としては原材料のほか、商品にかかるあらゆる経費（人件費、水道・光熱費
などの各種経費）も含めたものが原価だと考える原価意識を持つことが大切です。

【品揃えを増やし、原料歩留まりを高める】

歩留まりとは材料を使って商品を作る場合、不良品を除いて実際に商品に使われた
量のことで、割合で表します。

商品を増やし、品揃えを強化することは大切です。しかし一方で原料の歩留まりを
考えずに商品の種類を増やしていくことは効率の面で経営を圧迫します。新商品を
増やす時には製造する商品全体での歩留まりを向上させることを考えましょう。トー
タルでの歩留まりを向上させる考えが経営者にあるかないかで利益は大きく変わっ
てきます。

表 5-2 歩留り率の判定

使用材料	商品A	商品 B	商品C	商品D	新商品 A	新商品 B
卵	○	○			○	
ベーコン		○				○
チーズ		○	○	○	○	○
タマネギ				○		○

新商品を作る時、同じ原材料を利用すると歩留まりが高まる。材料の数を増やすと歩留まりは低下する（上の表の場合、新商品新商品 A よりは B を作るほうが歩留まりは高まる可能性が高い）。

仕入れルートの選別

原料へのこだわりはショップ・コンセプトとも密接に関連してきます。例えば国産小麦にこだわって厳選した産地の小麦を調達することを行うのか、自家製酵母で手づくり感を高めるのか、あるいはフランスから特別な小麦を仕入れて本格的なフランスパンを製造するのかなどという、ショッ・コンセプトに沿った仕入れルートを開拓します。

現在の消費者は、数多くの店の中から自分のお気に入りのショップを選択することができます。そのような中で特徴のはっきりしないショップでは、お客さまは満足を得られないでしょう。

原料在庫と回転率

ショップのお金のサイクルは、原料を購入し、製品を作り販売して代金を顧客からもらって再度また次のパンの原材料を購入することで1回転します。この回転を早めることが経営効率をよくします。回転が悪くなると資金繰りに支障が出てくることもあります。

図5-3　お金のサイクル

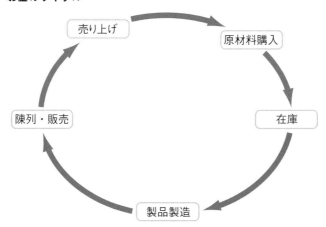

この回転率は売上高を「商品」や「原料在庫」で割ると算出でき、それぞれがどのくらいで1回転しているのかがわかります。売上高や商品・原料在庫金額を月次単位で算出すると、細かいお金の動きも見えてきます。

回転率の計算式

売上高　÷　在庫金額　　＝　在庫回転率
365　÷　在庫回転率　＝　1回転の日数（在庫がお金になるまでの日数）

在庫チェックはより短時間でできるような工夫が大切です。棚に配置している順番に表を作り、数のみを書き入れればすむようなチェック表を作成すれば効率的です。

表 5-3　棚と同じイメージのチェック表

薄力粉	準強力粉	強力粉	全粒粉
2	4	6	3
レーズン	クルミ	ナッツ	塩
0.3	0.5	1	3

原料発注の方法

一般的に発注するタイミングは定期と不定期、発注量は定量と不定量に区分されます。安定して使用する主原料の小麦粉などは定期発注が適しています。季節原料は不定期になります。発注量に関しては消費期限を考えて適量化する必要があります。

適正在庫の判断

パンの原材料をどのくらい在庫として持ったらよいかは、どのくらいの日数で材料がなくなるのかということによります。前述の回転率を把握して適量の仕入れをしましょう。近年、輸入原材料は円安傾向にあり相対的に高くなっています。消費のサイクルを考えないで適量以上に仕入れ、過剰在庫となることは経営的に資金を圧迫することになります。在庫は常に「物」ではなく、「お金」が変化したものととらえます。

在庫管理

1カ月に1回は原材料や資材の棚卸しを実施するようにしましょう。在庫をしっかりと確認することから利益が生まれます。人手が少なく、全部の原材料は把握できないという場合でも在庫金額の大きなものについての在庫量の確認は必須です。
在庫金額の大きなものから把握するということは、最低限の管理方法だといえるでしょう。

毎月かかる経費

毎月かかる経費としては、原材料の仕入れとショップを運営する経費の2つに分かれます。このうち、ショップを運営する経費にはどのようなものがあるかを見ていきましょう。

人件費
パート、アルバイト、社員、役員など、ショップに関わるすべての人に支払う賃金です。毎月の給与・通勤交通費などのほか賞与も含まれます.

物件費
本書では物にかかる経費のことをまとめてこう呼びます。家賃、減価償却費、水道・光熱費などが物件費の代表的なものです。地域や種類によっては水道料金のように2カ月に一度請求がある場合もあります。

家賃に関しては売上高に対して低ければ低いほど理想的ですが、売上高の15%を超えないことが理想です。開店当初の売上高が高くない間は無理かもしれませんが、売上高と毎月の家賃の金額的なバランスを考えるようにします。

その他の経費
人件費、物件費以外の経費は一括してその他の経費と呼びます。詳細には交通費、接待費、包装資材費、各種会員代金などさまざまな経費があげられます。パンショップの経営者は月々の交通費、接待費などの支出は少ないと思いますが、包装資材費は在庫を抱えすぎないような注意が必要です。ほこりがかかったような包装資材が天井近くまで積み重ねられているショップを見かけることがありますが、お客さまの印象も悪くなってしまいます。また自らのショップが商店街の中にあると商店街の会費なども計上しておきたい経費のひとつです。地域コミュニティとは良好な関係を保ちたいものですし、評判が売り上げを作ると考えます。

人件費と生産性

パンショップの経営で重要であり、注意しなければならないのは人の管理です。
「味」が命のパンショップではどのような人（従業員）が働いているのかは大変大きな要素になります。
最初から仕事ができてバリバリ働ける従業員を採用することは困難です。従業員を成長させるのは、店舗の教育方法です。よく従業員は会社の鏡といわれますが、まさにこのような内容を示しています。

生産性がよい、悪いという言い方があります。この生産性というものは、どれだけインプット（投入）してどれだけアウトプット（排出）したかという考え方をします。その数値は従業員1人あたりの売り上げで見ることができます。計算式は以下のように表されます。

売　上　高　÷　従業員人数　＝　従業員1人あたりの売上高

この計算式はさまざま応用が利きます。

パン生産量　÷　従業員人数　＝　従業員1人あたりのパン生産量

自分のお店を効率的に経営しようとした時に、この数値を管理、把握、向上させていくことは欠かせないものです。

労働分配率

人件費を考える時に、労働分配率という考え方があります。これは企業が生産した付加価値※のうち、どのくらいを人件費で使っているかということを表し人件費の指標とされています。では付加価値とはどのような数値で示すのでしょう。中小企業庁によると付加価値の算定方法として以下の解説があります。

> 付加価値 ＝ 生産高（売上高）－ 外部購入額（仕入原価）

パンショップの形態では生産高は売上高と同じであり、外部購入額とは仕入原価のことです。つまりこの方式によれば付加価値は売上総利益（P152 参照）と同じ意味となります。
労働分配率の算出方法は下の方法で行います。

> 労働分配率 ＝ 人件費 ÷ 付加価値（売上総利益） × 100

この指標では、労働分配率は 40％台に抑えることが重要といわれます。しかし、一方で労働分配率を下げすぎても経営上うまくいかなかった例はたくさんあります。主な原因は従業員のモラルが低下してしまうということです。
一般的な従業員に対する経費は、売上総利益の 45％前後 3％の範囲が理想といわれています。

表 5-4　A 店の損益計算書（1 カ月分）

売上高	120 万円
原価	36 万円
売上総利益	84 万円
人件費	40 万円
物件費 （減価償却を含む）	26 万円
その他の経費	12 万円
営業利益	6 万円

左記損益計算書から
労働分配率を算出すると…

労働分配率 ＝ 40 ÷ 84 × 100
　　　　　　＝ 47.6

A 店の労働分配率は 47.6％ ということになります。

※付加価値の算定方法には中小企業庁方式のほかに日銀方式があります。

一時的にかかる経費

突発的な経費

経費の中には毎月の支出はなくても突然に必要が生じるものがあります。

パンショップの場合、設備故障は営業に直接影響します。そのため修理は優先的に行わなければならず、修繕費が発生します。最悪の場合、新たな購入というケースもあるかもしれません。そのような事態にならないようにするためには日頃のメンテナンスは欠かせませんが、故障を予測した費用の準備も必要です。

そのほかにも予測不能な突発的な支出（経費）が発生することも念頭においておかなければなりません。

営業利益を算出してから最終的に決算書を作成するまでにもいくつかの支出があります。このいくつかの支出を見ていきます。

返済などの費用

銀行などから借り入れをした場合の借入金の利息返済は経理上、営業外損失と呼ばれます。実際は毎月かかるケースが多いと考えられますが、決算処理では営業利益からこの営業外損失を引いて算出します。これはあらかじめ予測できるので計算に入れておかねばなりません。

営業外損失と営業外利益（預金金利など）はあわせて営業外損益といいます。

年単位でかかる費用

営業利益から営業外損益を引いたものは経常利益といいます。この経常利益から差し引かれる大きな金額は税金です。法人税、消費税などが該当します。法人税は1年に一度で、利率は毎年のように変化します。消費税は半年ごとに支払いますが、その方法はいくつかあるので税理士や税務署に確認しておくとよいでしょう。

次にショップの売り上げからこれらの費用を計算し、最終的な利益がどうなるのかを見てみましょう。

▋売り上げと利益

利益は売り上げから経費などを引いたものです。

多くの経営者は売り上げの数値を把握しています。しかし、利益となるとだいたいこのくらいという表現をする経営者が多く見受けられます。

利益には段階ごとに、売上総利益、営業利益、経常利益、純利益の4つがあります。内容によってその持つ意味は異なります。それぞれの違いを理解し、しっかりとした経営内容を把握しなければなりません。

売上総利益（粗利益ともいう）＝ 売上高 － 製造原価

営業利益 ＝ 売上総利益 － 人件費 － 各種経費（設備費や減価償却費、水道・
　　　　　　　　　　　　　　　　　　　　　光熱費、広告費、その他の経費）

経常利益 ＝ 営業利益 － 営業外損益（支払利息など）

売上総利益が低い場合は製造原価や製造方法の見直し、営業利益が低い場合は人件費や各種経費のうち無駄な経費がないかを分析します。経常利益が低い場合は事業外の経費を点検します。このような考えを持って利益を見ると問題の発見につながるでしょう。

表5-5　売上高の構造の例

売上高	1440 万円
製造原価	432 万円
売上総利益	1008 万円
人件費	480 万円
物件費 （減価償却を含む）	312 万円
その他の経費	144 万円
営業利益※	72 万円
営業外損益	40 万円
経常利益	32 万円

※営業利益は売上高の5％以上が目安とされます。
　経常利益から税金など（P151 参照）を支払ったものが**純利益**となります。

損益分岐点の考え方

どのくらいの売上高があれば黒字になるかという目安として算出するのが損益分岐点です。この損益分岐点を算出するには、売上総利益率と毎月支払う経費を把握しなければなりません。

P150のA店を例に計算してみると、売上総利益率が70％で、毎月の経費が78万円の場合、78万円÷0.7 ＝ 111万4285円となり、約111万4000円が損益分岐点となります。

表5-6　損益分岐点の算出方法

売上高	120万円
原価	36万円
売上総利益 （売上総利益率　70％）	84万円
経費1　人件費	40万円
経費2　物件費 （減価償却を含む）	26万円
経費3　その他の経費	12万円
経費合計	78万円
営業利益	6万円

つまり約111万4000円の売上高がないと赤字になってしまうということを示しています。

それではより損益分岐点を下げるにはどうすればよいのか。これは毎月の売り上げを上げる、原価を下げるなどで売上総利益率を高めるか、経費を下げるしかありません。実際には売上総利益率を上げることは困難なため、毎月の経費を少しでも下げる方が現実的です。

A店のケースでいうと毎月の経費が70万円になると、70万円÷0.7 ＝ 100万円となり、100万円の売り上げが損益分岐点となり最終的な利益も多くなってくるわけです。

このように製造原価を把握し、売上総利益率と1カ月の経費を把握しておけば損益分岐点の計算は簡単にできます。

6 ショップの経営デザイン

ショップは開店後、現状維持を目標にすると衰退を始めます。ショップを継続的に発展させるためには経営ビジョンを掲げましょう。

経営ビジョンの明示

経営ビジョンとは、前述の（P136）経営理念、ショップ・コンセプトのもと、ショップが将来目指す姿を社員はもとより、社会やお客さまに対して示すものです。

経営ビジョンには、定性的なものと、定量的なものがあります。定性的なものとは、市場におけるポジションや、対外イメージなど数値化できないものです。定量的なものとは、売上高、利益率、市場シェアなど数値化できるものです。

【経営ビジョンの例】

３年後の経営ビジョン

こだわりの天然素材のパンで地域一番店を目指す!! ➡	**定性的**
売上高○○万円・商圏内でシェア○○％を目指す!! ➡	**定量的**

組織の求心力を保ち、ショップを発展させていくためには、この経営ビジョンを通して、どのように自分のお店を発展させていこうとしているのかを明確に示していくことが不可欠です。

経営ビジョンは、時代に合わせて変化させていく必要もあります。その時々の状況に合わせ、また新たな道へ踏み出すためにも、再設定、再定義していく必要があります。

▌トレンド情報の収集

変化のスピードが速い時代。守るべきものはしっかり守りつつも、外部の変化には柔軟に対応しなければなりません。情報番組、新聞、グルメ雑誌、インターネットなど、さまざまな媒体を通して情報が発信されています。

また、インターネット上の口コミサイトやブログなどでは、お客さま同士が情報のやりとりを行っています。今、市場で何が求められており、どんなニーズが生まれそうか、常に最新情報にはアンテナを張り巡らせておく必要があります。

トレンドは多面性を持ち、条件によって、その具体的な現象は異なります。下の図はその一例ですが、全国的あるいは経済全般といった大きな範囲でみるトレンドと、ショップのある地域など限られた範囲でのトレンドには、大きな現象の違いがあります。

このことを認識した上で、いろいろな面からトレンドを観察し、分析することが重要です。

図5-4　条件によるトレンドの違い

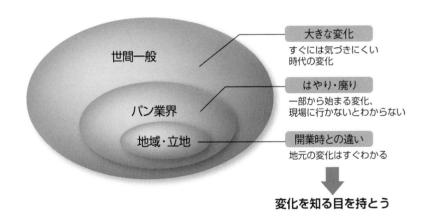

世間一般

大きな変化
すぐには気づきにくい
時代の変化

パン業界

はやり・廃り
一部から始まる変化、
現場に行かないとわからない

地域・立地

開業時との違い
地元の変化はすぐわかる

変化を知る目を持とう

経営改善サイクル（PDCA サイクル）

経営ビジョンを明確にし、事業計画を立て、実行しても、その後何もしなければ意味がありません。実行した結果、効果を測定し、その結果をもとにしてさらに改善を図る必要があります。この計画から改善までのサイクルを「PDCA サイクル」と呼びます。PDCA サイクルとは、Plan（計画）、Do（実行）、Check（評価）、Action（改善）の４段階の頭文字をつなげたものです。

Plan（計画）目標を設定し、将来予測などをもとにして計画を策定します。

Do（実行）目標に向かって、計画に沿って実行をします。

Check（評価）計画どおりに実行できているか、目標に近づいているかを評価します。

Action（改善）計画どおりに実行できていない、目標に到達できていない場合には、その原因を調べて改善を図ります。うまくいった場合も、その要因を調べ、次の計画に反映します。

図 5-5　PDCA サイクル

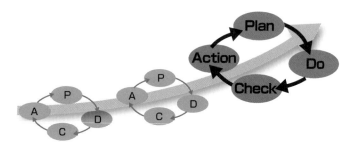

7 ✤ 多店舗経営への発展

ショップの経営が軌道にのると、ショップオーナーによってはさらに店舗を拡大したいと考える方もいるでしょう。この章の最後に多店舗経営を行う際のポイントとその形態について考えましょう。

▎多店舗経営のポイント

1店舗のみの経営と、多店舗経営の最も大きな違いは、「直接管理」と「間接管理」にあります。1店舗経営では、すべてを自分の判断で動かすことができましたが、多店舗経営では人を使って経営しなければならなくなります。

多店舗展開を行っていく時に大事なことはショップ・コンセプトの統一です。

そのためにはその行動指針のマニュアル化や店長・従業員の管理、経営管理の徹底なども必要です。

【マニュアルの作成】

マニュアルは、経営ノウハウを標準化し見えるようにしたものです。守るべきもの、やってはいけないことを明確にして標準化します。これまで、あたりまえにやってきたことを明文化し、まとめたものがマニュアルだと考えましょう。最低限、次のものは必要です。

- **店舗管理マニュアル**
  ショップの理念やコンセプト、ビジュアル、店長としての心構え、労務管理、顧客クレーム対応、会計処理などについて記述します。

- **業務マニュアル**
  パンの製造方法（レシピ集）、接客サービス、パンの並べ方、店舗掃除、事務処理などについて記述します。

【店長・従業員の管理】

ショップ・コンセプトを守り、お店の業績を向上させるためにも、店長・従業員の管理、指導は必要です。作成したマニュアルも活用し、開業前、開業後の定期的指導を行います。具体的には、以下のような活動が必要です。

- 経営ビジョン、ショップ・コンセプトなどについて新店舗の店長・従業員に浸透させます。
- 上記に基づいて行われる活動、店舗運営が店長・従業員に正しく理解され、実践されているかをチェックし、継続的な指導や支援を行います。

【経営管理】

経営管理を徹底することで、現状を的確に把握、分析し、判断することができます。1店舗の時は、経営者一人ですべてを把握し、経験や勘で判断することも可能でしたが、複数店舗になると、きちんとしたしくみが必要となります。このしくみを効率的に運営させるために、情報システムの導入を行うこともあります。代表的なものとしては、販売管理を行う「POSシステム」があります。

多店舗経営の形態

【直営チェーン】

オープンしたショップが繁盛し、第2、第3のショップをオープンさせることはショップオーナーの理想でしょう。これら直営店は、自己資本によって培ったノウハウを生かし拡大していくことになるので、運営もしやすいなどというメリットもあります。しかし、一方で店舗の賃借料や仕入れ代金など、より多くの自己資金が必要になります。第1号店で基盤を作り、しっかりとした利益を出した上でチェーン化することが理想です。

【FC（フランチャイズ）チェーン】

フランチャイズチェーンは店舗を増やしていく時の資金的なデメリットをうまく解消するひとつの方法としては最適です。加盟店が店舗を開店するためのコストを自ら支払うため、本部としては大きな資金が必要になることはありません。また、契約に基づいての取引となるため加盟店が経営に失敗しても自己責任となります。

しかし、よいことばかりではありません。本部は加盟店からロイヤリティを取る代わりにしっかりとした経営的なノウハウを提供しなければなりません。その中にはサービスや製造の標準化を図るためのマニュアルなども提供しなければなりませ

ん。さらに店舗の経営支援をするスーパーバイザー※と呼ばれる指導者が必要になります。このようにフランチャイズチェーンは店舗を増やすための資金は少なくてすみますが、本部を立ち上げる労力、ノウハウが必要です。

※フランチャイズ店の本部が、加盟店の経営向上のために派遣する指導員。

図5-6　直営チェーンとFCチェーンのしくみ

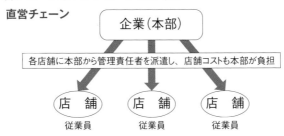

直営チェーン

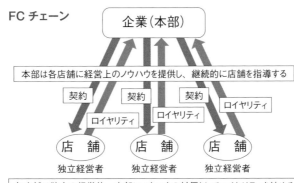

FCチェーン

のれん分け

昔からあるのれん分けは、和食系の飲食店などでは一番多い形態です。店舗で一定期間働いた従業員に屋号を与えたり、あるいは別の店舗として独立をさせ、仕入れを共通化するなど働いていた本店との関係をゆるやかに保っている店舗のことです。本来は本店ののれんを分けるという意味ですから、本店以外は地名を入れた○○店というように呼ぶことが一般的です。この方式はそば屋、寿司、割烹や最近ではラーメン店など多くの業態で取り入れられています。経営者が違うので多店舗経営とは異なりますがある意味でグループとしてのブランド戦略であり、お互いにメリットのある形態といえるでしょう。

独立していく時の店舗の建設コストなどは自前ですが、支援制度などさまざまな方法で本店がバックアップすることが一般的です。

第5章　練習問題

問1 本部から販売権を加盟店に与え、加盟店はロイヤリティを払って店舗を経営するショップの形態を何というか。

1. ブーランジェリー
2. 直営チェーン
3. FCチェーン
4. のれん分け

問2 ケータリングについて正しい記述は次のどれか。

1. 固定のショップではなく、車などで商品を運び、販売する。
2. ホームページ上の商店街に加盟して、販売する。
3. リテイルショップからオフィスにパンを届ける。
4. お客さまのホームパーティでパンを焼く。

問3 パンショップを開業する際、基本的に営業許可を取得する種類は次のうちどれか。

1. そうざい製造業
2. 飲食店営業
3. 菓子製造業
4. 喫茶店営業

問4 原料の歩留まりの考え方について、次のうちから正しいものを選びなさい。

1. 歩留まりが低いと、店舗の経営状態は良好である。
2. 歩留まりが高いと、店舗の経営状態は良好である。
3. 歩留まりとは、不良品も含めて製造したすべての製品のことである。
4. 歩留まりとは、製品の材料のことである。

問 5 回転率について、次のうちから正しいものを選びなさい。

1. 回転率が低いと、そのお店の経営は良好である。
2. 回転率が高いと、そのお店の経営は良好である。
3. 回転率は、商品を在庫で割ると求められる。
4. 回転率をよくするためには、原料の在庫を増やさなければならない。

問 6 店舗を経営する際、一般的に人件費は付加価値（売上総利益）に対して
どれくらいに抑えればよいとされているか。

1. 20%台
2. 30%台
3. 40%台
4. 50%台

問 7 売上総利益率が 80%で、毎月の経費が 70 万円の店舗の損益分岐点はい
くらか。

1. 86 万円
2. 86 万 5000 円
3. 87 万円
4. 87 万 5000 円

ブーランジェリーとはリテイルショップの形態のひとつ。直営チェーンは本部が直接ショップを運営する形態。のれん分けとは社員に自分の店の屋号を与えたりして、経営は別であるが、本店との関係をゆるやかに保つ形態のこと。
（詳細→ P134、158 〜 159）

ケータリングとは出張サービスのこと。パーティでパンを焼くことがサービスとなる。リテイルショップがショップのパンをオフィスに届けることは、デリバリーという。（詳細→ P135）

パンショップを開業する際、必要となる営業許可の種類は菓子製造業である。ただし、サンドイッチを作る場合は飲食店営業が必要となる。また、店舗内で乳製品を販売する場合はあわせて乳類販売の許可が必要である。（詳細→ P142）

歩留まりとは、材料を使って商品を作る時に、不良品を除いた実際に作られた量のことで、割合で表す。割合が高いと経営状態はよいとされる。（詳細→ P144）

回転率とは、原料を購入して商品を製造、販売して再度原料を購入するまでのサイクルのこと。回転率が早いほどその店舗の経営状態はよいとされる。回転率は売上高を商品や在庫で割ると求められる。（詳細→ P146）

人件費は労働分配率で求められる。労働分配率は人件費を付加価値（売上総利益）で割って 100 を掛けて算出し、40％台に抑えることが望ましいとされる。（詳細→ P150）

損益分岐点は経費を売上総利益率で割ると求められる。よって 4 が正解である。（詳細→ P153）

第6章
パンのサービス学

ここまでは、パンに関する
さまざまな知識を身につけてきました。
しかし知識があるだけではパンシェルジュとは
いえないのではないでしょうか。

締めくくりとして「おもてなし」について考えていきましょう。
この章では、相手の気持ちを理解し、喜んでいただくための
サービスの基本をコンシェルジュから学びます。

1 ❖ コンシェルジュは「おもてなし」の達人

パンシェルジュは「パン」と「コンシェルジュ」を合わせた言葉ですが、コンシェルジュとは何なのでしょう。コンシェルジュはどんなことをするのか？どんなことが大切なのか？ 「パンの伝道師」パンシェルジュにとってコンシェルジュを知ることがきっと役立ちます。

▌ コンシェルジュとは

最近は百貨店や駅、病院などさまざまな業種・分野で○○コンシェルジュという言葉を耳にします。しかし、本来、コンシェルジュとは宿泊客からの千差万別な要望に応えるホテルのサービス係のことです。

観光案内はもちろん、目的地までの行き方や切符の手配、レストランの紹介や予約、コンサートや演劇のチケットの入手など多岐にわたります。時には、「海が見えるレストランで夕陽を見ながらおいしい食事をしたいので、どこか紹介してほしい」と相談を受けたり、お客さまのさまざまなリクエストに応えます。

例えば、次のような要望にも。
海外からのお客さまで、明後日の便で帰国の予定だったが、急用のためにどうしても今日の夕刻発の飛行機に乗りたい。離陸まではあと1時間強しかない。でも、なんとかしてほしい。
このような到底不可能と思われるような要望に対しても、手のあいているスタッフに荷造りの手伝いを頼み、タクシーを待機させ、すぐにチェックアウトできるようにフロントに依頼、そして航空会社に交渉します。お客さまに満足していただけるよう、法律や道徳的に支障がないかぎり誠意を持って全力で対応します。

このような要望はそうそうにあるものではないでしょうが、コンシェルジュは、サービスの提供にベストを尽くし、お客さまから満足という結果を得る仕事といえます。どうしても要望をかなえられない時は、知恵をしぼって満足・納得してもらえる代替案を示します。

どんな要望にも応える「鍵の番人」

コンシェルジュは常に「おもてなし」の心を持ってサービスします。「おもてなし」
の心なくしては満足してもらえるサービスはできませんが、心だけでも不十分です。
豊富な知識やマナーが必要とされます。

コンシェルジュ（concierge）はフランス語で、日本コンシェルジュ協会のウェブ
サイトには、「建物の門番を意味する言葉であったといわれています。19世紀、ヨー
ロッパのホテルでは、鍵を管理する係に使われるようになり、その後、ホテルにお
いてお客様の様々なご要望に応えるスタッフの職名として使用されるようになりま
した」と書かれています。

1929年にフランスで設立されたホテルコンシェルジュの国際組織「レ・クレドー
ル（Les Clefs d'Or）」（英語では Golden Keys ＝黄金の鍵）の正会員のあかしであ
る襟章は金色の鍵が交差した形をしていて、「鍵の番人」という意味に由来したデ
ザインになっています。「旅行者のために、どんなドアも開けて差し上げましょう」
という意味がこめられています。

2❖ サービスとホスピタリティ

サービスとは何でしょう？　ホスピタリティとは？　サービスとホスピタリティはどこが違う？　お客さまに満足してもらうために、コンシェルジュに欠かせないサービスとホスピタリティを学んでおきましょう。

サービスとホスピタリティの相乗効果

ホスピタリティはラテン語の「旅人の保護者」という意味のホスペス（hospes）が語源で、そこからホスピタリティ、ホテル、ホスピタル、ホスピス、ホスト、ホステスという言葉が生まれてきました。ホスピタリティを日本語にすると「おもてなしの心」あるいは「親切な思いやる心」という意味です。

では、サービスとホスピタリティはどんな関係にあるのでしょう？
サービスは、サービスをする側が受ける側（お客さま）からお金をもらうので、主従関係があります。一方、ホスピタリティはお金をまったくもらいません。サービスする側はホスピタリティを提供してもしなくても、もらうお金の額は同じです。生産性は変わらないのだったら、ホスピタリティはいらない？　提供するのは疲れるだけ？

いえいえ、サービスにホスピタリティを加えて最高のサービスにして、お客さまに満足してもらうことで、生産性が高くなるのです。サービスにホスピタリティをプラスすることで顧客満足度（CS = Customer Satisfaction　カスタマー・サティスファクション）をあげることが重要なのです。

図6-1　顧客満足度

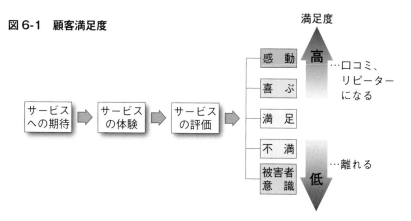

CSが高ければ、「あのお店はよかった」とお客さまが満足・感動したことを口コミし、リピーターになります。一方、不満や被害者意識を持つほどCSが低ければ、「不愉快だった」「あの店はひどかった」と感じ、お客さまはお店から離れていきます。口コミでよい話をするのが4〜5人とすると、悪口は9〜10人といいますから悪い評判は約2倍広がっていくことになります。たまたま応対した人がダメだっただけではなく、お店がひどかった、会社がダメだったという評価につながりますから、常に一人ひとりが気を抜けません。

▌サービスの3つの構成要素

サービスは3つの要素で構成されています。ハードウエア、ソフトウエア、そしてヒューマンウエアの3つです。レストランを例にとると、ハードウエアは行きやすい場所にあるかなど、立地や利便性などです。ソフトウエアはインテリアや食事の内容、そしてヒューマンウエアは応対や接客など、人が人に対して行うサービスです。この3つの要素の中で最もお客さまを感動させるのが、ヒューマンウエアです。だからこそ、「おもてなしの心」「親切な思いやる心」——ホスピタリティが大切なのです。お客さまが心地よくなるような気配りはもちろんですが、「えっ、こんなことまで」と、お客さまが思っていた以上の「おもてなし」を心掛けましょう。

図6-2 サービスの3つの要素

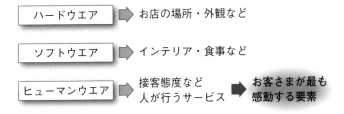

3 ホスピタリティの大切なマナー（5つのポイント）

ホスピタリティを提供する上で大切なのはマナーです。「おもてなし」や「思いやる心」を表現するには5つのポイントがあります。どれも、心掛けひとつで実行できるものばかりです。ちょっとしたマナーでホスピタリティ度がぐんと上がります。

ポイント① あいさつ

あいさつの「挨」は押し開く、「拶」には迫るという意味があります。つまり、あいさつは自分から働きかけて、相手の心を開くことです。あいさつのポイントは「あかるく」、気分が悪い時でも「いつでも」「さきに」、毎日「つづけて」、万が一先にあいさつされてしまったら相手の「かおをみて」「えがおで」「すぐに」あいさつします。それぞれの頭文字をつなげて「あいさつ　かえす」と覚えましょう。

相手の顔を見てあいさつしていますか？　相手より先にあいさつをしていますか？マニュアルどおりの杓子定規なあいさつでは、心が感じられないので誰の心も開くことができません。

図6-3　あいさつ　かえす

あかるく	**か**おをみて
いつでも	**え**がおで
さきに	**す**ぐに
つづけて	

ポイント② 表情

表情で一番大事なのは笑顔です。もちろん、相手の状況にもよりますが、基本は笑顔です。作り笑いではなく、いつも自然な笑顔で人と接しましょう。人間が行うから、「心をこめる」「思いをこめる」ことができるのです。

もうひとつ、忘れてはならないのがアイコンタクト。目線を合わすことです。日本人は目を合わせるのは苦手なようです。じろじろ、あるいはじっと見るのではなく、何気なく目を合わせて、何気なくはずすようにします。言葉はかわせなくてもアイコンタクトをすると、お客さまは自分のことを気にしてくれているのだと安心し、満足します。

ポイント③　身だしなみ

おしゃれは足し算です。ピアス、ネックレス、リボン……自分が好きなものを身につけていけばよいのです。身だしなみは引き算です。場や相手に応じて、何を引いていくかです。食品を扱うのであれば、清潔感を第一にというように、職業に合った身だしなみというものがあります。

ポイント④　言葉づかい

明るく、やさしく、美しくを心掛けましょう。やさしくには、２つのやさしくがあります。ひとつは、相手を思いやった優しい表現です。
例えば、「あなたは細かいね」と「あなたは緻密ね」という言葉。内容は同じですが、言われた側の気持ちはどちらがいいでしょう。
やさしくのもうひとつは、易しく（わかりやすく）ということです。むやみに外来語を使わず、誰にでもわかりやすい言葉づかいに努めましょう。
次は、美しく。「こちらパンのほうです」「メロンパンになります」「お名前さまをいただけますか」「1000円からお預かりします」「よろしかったでしょうか」など、ヘンな日本語を使わないようにしましょう。また、「お待ちください」より「お待ちいただけますか」というように、命令形を依頼の形に言い換えると、表現がやわらかくなります。

そして、大切なのが声の表情です。どんなに美しい言葉づかいでやさしい表現でも、棒読みだったり、心がこもっていなかったら台無しです。やさしい声は笑顔から生まれます。

ポイント⑤　態度

美しいしぐさ・姿勢は好感を呼びます。手で示す時は、指先をしっかりと伸ばし、そろえると美しいしぐさになります。
おじぎには15度、30度、45度の3種類ありますが、頭を下げるのは体の一番弱い部分を相手にさらすという服従を表し、さらに手は利き手を下にして重ね、指先は伸ばして何もにぎっていないことを示します。形だけでなく、心をこめることが何より必要です。
また、商品の受け渡しは必ずていねいに両手で行うようにしましょう。

4 ❖ ホスピタリティの実行

さあ、いよいよサービスの実行についてです。基本となるのはコンシェルジュと同じく、ホスピタリティ（おもてなしの心）です。マニュアルを提示できないのがむずかしいところ。でも、相手を思いやる心を忘れなければ、大丈夫です。

▌実行するために注意すること

人を最も感動させるサービスは人が行うサービスです。印象に残っているサービスを聞くと、99％が接客がよかった、あるいは店員の態度が不愉快だったなど、人から受けたサービスについて答えます。このことから人のサービスがいかに大きな影響力があるかわかります。

人によるサービスの基本がホスピタリティ（おもてなしの心）で、ホスピタリティを形づくるものが、知識、技術、センス（表現するセンス、察するセンス）、そして演じることです。

パンシェルジュであれば、パンに関する「知識」、作る「技術」。

「表現するセンス」はおいしそうに見えるパンを作るにはどんなデザインにするか、飾りのゴマの配分をどのようにするか、などです。

「察するセンス」は目配り、気配り、心配りです。お客さまに目配りし、何か探しているようなら声をかける（気配り・心配り）。声をかけることによってコミュニケーションが始まりますし、自分を気にかけてくれていたという思いはお客さまを喜ばせ、満足につながります。カウンターの中だけに専念するのではなく、お客さまのようすを何気なく観察する。リピーターのお客さまであったら「ありがとうございます」の前に「いつも」を加えて「いつもありがとうございます」と言う。何度行っても同じ言葉しかかけられないのとは満足度が違います。同じあいさつしかしないロボットサービスでは感動を与えることはできません。

図6-4　ホスピタリティの実行

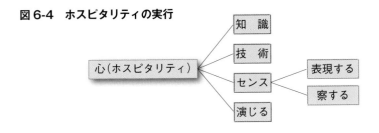

「演じる」——サービス産業では、悩み事があるから、体調がすぐれないからといって、笑顔を作れない、あるいは作らなくていいというわけにはいきません。こちらにどんな事情があろうと、いつも明るく、笑顔を演じなければなりません。演じ続けていると、不思議なことにそのうち演じていることを意識しなくなって、自然に笑顔が出てくるようになります。

サービスはまずサービスの基本の形を覚え、演じることから始めます。笑顔という形を作って行動していると、いつしかそれが習慣になり、笑顔が自分のものになっていることに気づくことでしょう。

サービスとは「おもてなし」「思いやり」の精神で、人の役に立つことです。でも、パンのことを親切のつもりでお客さまにいろいろ説明しすぎると、かえって不快にさせてしまうこともあります。どこまで説明すればいいのか。それは、お客さまの表情や態度などのようすから察するしか方法がありません。サービスは本当にむずかしいものです。「おもてなし」をするという心のアンテナをいつも研ぎ澄ませておきましょう。

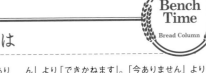

表現をやわらかくするには

「おそれいりますが」「失礼ですが」「申し訳ありませんが」「ご足労をおかけしますが」「お手数ですが」などのクッション言葉を使うと、表現をやわらげることができます。また、「できませ

ん」より「できかねます」。「今ありません」より「明日の午前中でしたらございます」というように、否定形をなるべく肯定形にするのも、表現をやわらかくする方法のひとつです。

5 ❖ 場面で活躍するパンシェルジュ

パンシェルジュのサービスとして求められることは、場面ごとに違ってきます。それぞれの立場における役割とサービスについて見ていきましょう。

▌リテイルショップの販売員

お店でのパンの販売は、直接お客さまに接するため、ダイレクトに反応が伝わってきます。お客さまの動向、人気の商品、季節によってどのような商品が求められるのか、といったことを日々気にしておき、お客さまに喜んでいただける店づくりを心掛けましょう。例えば人気商品を取りやすい位置に並べるなどの、細かい気配りができるとよいでしょう。会計時には、焼きたてのパンは熱がこもらないように封をしないでお渡ししたり、冷めてしまったパンをおいしく食べる方法をひと言添える、といった心配りも大切です。

もちろん、商品の知識も豊富でなければなりません。お客さまに商品について聞かれた時に、スムーズに答えられるよう準備をしておく必要があります。
また、お客さまが何か探しているような時は声をかけたり、新商品のおすすめや、パンが焼き上がったら店内で積極的にお知らせするなど、お客さまとのコミュニケーションを大切にしましょう。営業的な観点ではなく、心からお客さまによいものを提供したいという気持ちが態度にも表れます。

また、販売員は、作り手とお客さまとのあいだをつなぐ役割も果たします。作り手の考えや思いを、いかにお客さまに伝えるかが、重要なポイントとなります。そのためには、店の掲げるコンセプトを理解し、ディスプレーを見やすく、わかりやすくしたり、お店の雰囲気づくりに工夫を凝らすなど、方法はいくらでもあります。

そして、何よりも大事なのは、販売員はお店の「顔」であるという意識を持つことです。販売員の対応によって、お店の評判が左右されることも少なくありません。例えば、棚へ商品を出す時に、姿勢よくキビキビとした動きと、すり足でノロノロした動きでは、どちらが印象がよいでしょうか。こういったささいな部分まで、お客さまは見ています。

レストランの従業員

レストランでは、シェフが料理とパンと飲み物のバランスを考え、メニューを作っています。パンは主役ではありませんが、パンがなければ食事になりません。パンをお客さまに提供する時に、一番よい状態でお客さまにサーブできるように、パンの食べ頃を把握し、乾燥を防いだり、温めて提供するなどパンの管理にも気を配りましょう。

また、数種類のパンが用意されている場合には、パンの説明のほかに、味や香り、料理との相性などの表現を加えると、お客さまは自分の好みや要望に合ったものを選びやすくなります。ただ、聞かれたから答えるというのではなく、なぜそのパンを食べてほしいのかという気持ちを伝えます。
そのためにも日頃からパンや料理について勉強をしておくことが必要です。ただし、自分の考えを押し付けることなく、お客さまとのコミュニケーションの中で、ふさわしいパンを選び、すすめるようにしましょう。

接客業の場合は、ホスピタリティの大切なマナーを守りつつ、自分なりにどのように行動すべきか考え、お客さまが「もう一度来たい」と思うような接客を常に心掛けることが大切です。また、お客さまだけでなく、働く仲間、働く店舗、取り扱う商品、地域社会に対するホスピタリティもあることを忘れないようにしましょう。

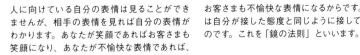

鏡の法則

人に向けている自分の表情は見ることができませんが、相手の表情を見れば自分の表情がわかります。あなたが笑顔であればお客さまも笑顔になり、あなたが不愉快な表情であれば、お客さまも不愉快な表情になるからです。相手は自分が接した態度と同じように接してくるものです。これを「鏡の法則」といいます。

ブーランジェ（パン職人）

お客さまに満足してもらうパンを作ることが、パン職人にできる一番のサービスです。そのためには、素材の追求や、研究、技術の向上など、日々の努力が必要となります。例えば、材料となる素材の製造元に足を運び、どのような環境で作られているのかを知ることや、生産者から話を聞くことは、素材を知る大きな手掛かりとなります。また、天気や季節によって、生地の状態がどのように変化し、焼き上がるパンにどのように影響するのかを把握しておけば、いつでも最良の状態で商品を提供することができます。

こだわりの重点をどこに置くかを明確にし、追求することが、よりよい商品を生み、結果的にお客さまの満足につながります。

食品を取り扱うわけですから、厨房を清潔に保つことは言うまでもありません。衛生面の管理も忘れないようにしましょう。

パン教室の講師

パンの作り方を教える立場にいる人には、正しい製パンの知識が求められます。基本的な知識を身につけたうえで、オリジナルのレシピや、作り方を伝えていきましょう。また、発酵や焼成の際に、生地にどのようなことが起こっているのか、科学的なメカニズムの面もしっかり理解し、説明できるようにしておくことも大切です。

講師は一方的に話し続ける傾向がありがちです。コミュニケーションを円滑にするために、生徒さんの声を耳だけでなく、十分な目と心で聴く（察する）ことも必要です。そして、講座ではパンづくりの楽しさが伝わるような内容、雰囲気を作る工夫をしましょう。季節のイベントに合わせたパン、旬の素材を使ったパン、初心者を対象としたものなど、アイデア次第でさまざまな講座になります。生徒さんは、さらにパンづくりの楽しさが広がることでしょう。

ライター、レポーター

雑誌やテレビでパンの特集をよく目にすることがあります。ライターやレポーターは、香りや食感など、視覚からは伝わりにくいパンの情報を言葉で表現しなくてはなりません。その上、ありきたりの表現だけでは、人の心は動かせないので、パンの知識や語彙を豊富に持っておくとよいでしょう。

パンやお店を紹介することは、お店にとっては宣伝となり、受け手（読者・視聴者）にとってはおいしいパンと出合うきっかけになります。味だけでなく、お店の雰囲気や作り手の考えなどを加えると、商品やお店のよさが受け手に伝わりやすくなります。こうして、ライターやレポーターは、お店と受け手をつなぐのです。

また、まだあまり知られていないお店を発見して、情報を発信していく役割もあります。流行の動向に注目し、新しいトレンドになるようなものがないか、常に意識しておくことが大切です。

ホームメイド

自宅でパンづくりを楽しむ方にも、サービスの方法はあります。
家族や友人のためにパンを作る際、相手の好きな材料を使ったり、よいタイミングで食べてもらえるようにするなど、相手にきめ細かく合わすことができるのは、ホームメイドならではです。
お世話になったお礼にパンを差し上げるといった場面では、パンの形をきれいに作ったり、包装にひと手間加えてみることもサービスのひとつです。

そのほかに、作ったパンをブログやホームページで公開するという方法もあります。多くの人に見てもらえるように、写真にこだわったり、作り方もわかりやすいようにコメントをつけるなど工夫をしましょう。

場面や立場によって、さまざまなサービスの形がありますが、共通して大切なことは、自分なりの「おもてなし」を実行して、パンのおいしさや楽しみ方を伝えていくことです。

第 6 章　練習問題

 問 1　「コンシェルジュ」とは何語か。次のうちから選びなさい。

1.　フランス語
2.　日本語の造語
3.　オランダ語
4.　スペイン語

問 2　ホテルコンシェルジュの国際組織「レ・クレドール」の正会員の襟章にデザインされているものは何か。

1.　ホテル
2.　笑顔
3.　金色の鍵
4.　世界地図

問 3　サービス学の用語「CS」は何の略か、次のうちから選びなさい。

1.　コンシェルジュ・サービス
2.　カスタマー・サティスファクション
3.　カスタマー・サービス
4.　コミュニケーション・システム

問4 サービスの3つの要素は、ハードウエア、ソフトウエアと、もうひとつは何か。

1. ホスピタリティウエア
2. ヒューマンウエア
3. スマイルウエア
4. ファインウエア

問5 「お手数ですが」「おそれいりますが」などの言葉を何と呼ぶか。

1. クッション言葉
2. ソフト言葉
3. アクセント言葉
4. まくら言葉

第6章　解答解説

建物の門番という言葉が、ホテルで鍵を管理する係に使われるようになり、その後、ホテルでお客さまの多種多様な要望をかなえる職種を指すようになった。現在では、さまざまな分野でコンシェルジュという言葉が使われている。
（詳細→ P165）

2本の金色の鍵が交差しているデザインで、「旅行者のために、どんなドアも開けて差し上げましょう」という意味がこめられている。日本コンシェルジュ協会のマークにも鍵があしらわれている。（詳細→ P165）

Customer Satisfaction の略で、顧客満足度のこと。満足度の高い順に、感動、喜ぶ、満足、不満、被害者意識となる。「感動」すれば、よかったと口コミされ、リピーターになる。
（詳細→ P166）

応対や接客など、人が人に対して行うサービスがサービスの3要素の中で最も人を感動させる。一番印象に残るサービスでもある。（詳細→ P167）

このようなクッション言葉を会話にはさむと、表現がやわらかくなる。ちょっとした工夫で、お客さまに与える印象をよくすることができる。（詳細→ P171）

最終章

パンシェルジュに
期待すること

パンシェルジュ検定は1級で最後となりますが、

皆さんのパンシェルジュとしての活躍は、

ここからがスタートです。

そこで、食に関する分野で活躍している方々から、

メッセージをいただきました。

パンのおいしさ、パンづくりの楽しみを広めるための手掛かりが、

きっと見つかることでしょう。

そして今後の活動のヒントになる

「情報のまとめ方」について紹介します。

本気でパンが好きなら、いつまでも続けられる仕事

ホテルベーカリーシェフ・本田修一さん

グランド ハイアット 東京

町のパン屋さんとホテルのベーカリー、それぞれの喜び

　町のパン屋さんは四季折々、お客さまのニーズに合わせた新しいメニューを開発する苦労と、身近でその反響を得られる楽しさがあると思います。ホテルのベーカリーは、お客さまから人気のあるメニューは変えないように指示されていますので、新メニューをリテイルベーカリーほど出すことはありませんが、レストランのメニューに合わせたパンを求められることはあります。

　6階にステーキハウスがオープンした当初、「ステーキに合うパンを作ってほしい」というオーダーを受けました。酸味のあるサワーブレッドを提案したところ、非常にご好評をいただき、オープン以来、定番でステーキとともにサービスされるパンになりました。次第に、「グランド ハイアット 東京のサワーブレッドはおいしい!」という評価が海外まで広がり、海外の同ホテルにも翻訳したレシピを送って、他国でも僕のサワーブレッドが作られるようになりました。こういったことは、国際色豊かなホテルのベーカリーならではだと、光栄に思っています。

同じものを毎日作り続けることが一番むずかしい

　ホテルのベーカリーには定番のメニューがあるため、同じものを作り続けるむずかしさに直面します。毎日、100点満点のパンを目指しても、そうはいかないもの。「今日はすごくいい生地ができている!」と喜んでも、温度調整を少し間違えて焦がしてしまうこともあれば、「今日の生地はあまりよくないな」と思いつつ、釜から出

てきたら、「結構いいじゃない！」ということもあります。パンは生き物ですし、作っている方も生き物ですから、最後の最後まで見えなかったりするんですよね。20年以上パンに携わっていてもそんなことに出くわしますから、この世界は極められないんじゃないかと思います。「私はパンを極めています」と言う人がいたら、僕が会ってみたいですよ（笑）。これだけ手がかかるところもまた、パンの魅力のひとつなんですけどね。

どれだけパンが好きで、何を目指すかを明確に

パン職人は、パンが好きで物を作ることが好きであれば、ずっと続けられる仕事だと思います。そして、お客さまに「おいしい！」と言ってもらえれば、それだけで十分じゃないですか。どこかで挫折してしまう人は、何かが足りないんでしょうね。結局は、"どの程度パンが好きなのか"というところでしょう。趣味で焼く程度に好きなのか、職業にしたいほど好きなのか。後者であり、パン職人やパンシェルジュを目指すなら、それに応じた努力が必要になってくるのは当然ですよね。

本気でパンが好きでこの世界に入りたいなら、不器用でも一生懸命さがあれば続けていけるはず。多少、人よりできなかったら、人より早く起きてやればいいだけのこと。この世界は厳しい人が多いし、僕も新人の頃はケチョンケチョンにやられましたよ（笑）。でも、その時期があったからこそ、今の僕があるのだと感謝しています。目標があるなら、厳しい環境にもめげずに頑張ってほしいですね。

Profile

Honda Shuichi

1969年東京生まれ。東京製菓学校パン専科卒業後、品川プリンスホテルに入社し、川越・東京などの同ホテルで10年勤務。その後、ホテルミラコスタオープンアシスタントシェフ、アズ・カフェミクニ幕張店オープンシェフ、メゾンミクニ池袋店オープンシェフを経て、2003年、グランド ハイアット 東京ベーカリーシェフに就任。

最終章

パンシェルジュに期待すること

知識だけではなく、
情熱も一級のパンシェルジュに

ソムリエ・丸山宏人さん
オザミワールド株式会社　代表取締役

情熱を持っておすすめすれば
必ず伝わる

　料理とワインの修業のために渡仏していた頃。休みのたびに自転車でいろいろなブドウ畑をまわって、生産者から話を聞くのが楽しみでした。どれだけ大切にブドウを育て、どれだけワインに愛情を注いでいるのか、直接伺うとよくわかる。「こんなふうに情熱を込めて造られたワインを売りたい！」。生産者の情熱が僕の心をかき立てました。

　帰国後、東京で小さなフレンチレストランをオープンし、ソムリエとシェフを兼任しました。当時、ソムリエというと、高級なワインをすすめるイメージが強かったのですが、僕がすすめるのはフランスで出会った生産者たちの、主にリーズナブルなワイン。手頃なものほど、ブドウの個性が出やすいのでワインを知る近道になるし、気軽に多くのワインを楽しんでほしかったからです。そして、一生懸命にワインをすすめると、お客さまにもそれは伝わり、オーダーへとつながった。「情熱を込めておすすめすれば、必ずわかってもらえる！」と、その時確信しました。

味や好みを通して
お客さまとの信頼関係を築く

　新人とベテランのソムリエでは、知識の面はそんなに大きくは変わりません。しかし、ベテランになればなるほど、お客さまとの会話が経験にあふれている。好みをさりげなく引き出し、それに合うものを見つけるのがソムリエの役目ですが、言葉のやりとりだけではなく、味や好みを通してお客さまとの信頼関係を築くことも

大切です。これは、パンシェルジュの仕事でも共通していえることだと思います。ワインの場合は、香りや味を表現する語句がある程度決まっていますが、自分の個性を生かした言葉を取り入れておすすめすると、情熱やニュアンスが伝わりやすい。僕の場合は、テイストの説明よりも、熱心にワインの育った畑と生産者の話をして、おすすめしていました。ただしこれは、最低限の知識があることが大前提ですよ。

一番大切なのは、
パンに対する情熱と愛情

　パンシェルジュ検定を1級まで取得すると、知識も豊富になると思いますが、決してそれをお客さまに押し付けてはいけません。僕はソムリエになったばかりの頃、「キミはツンツンしていなくていいね。たどたどしい説明でも、情熱が伝わってくるよ」と、お客さまから言われたことがあります（笑）。一番大切なのは、豊富な知識でも、巧みな言葉でも、"パンシェルジュ検定1級"という肩書でもなく、パンに対する情熱です。そういう意味では、自分が作ったパンを売ることが、一番情熱を持ってお客さまにおすすめできる方法なのでしょう。おすすめする以上、どういった材料を使って、どういった工程ででき上がったパンなのか、最低限、理解しておくことは必要ですよね。

　そして、3級、2級、1級、と合格するごとに、それだけパンを愛してもらいたい。1級を取得した時には、皆さんのパンに対する愛情も一級になっていることを、心から願っています。

Profile

Maruyama Hiroto

1963年東京都生まれ。料理人としてフランス料理店で修業後、渡仏。現地で料理とワインを学び、またワイン生産者と交流も深め"ワインを知る楽しさ"を知る。帰国後独立。1997年に本格的なフランスのワインと料理を、それまでになかった良心的な価格で提供する「銀座オザミデヴァン本店」を開店。現在は、銀座、丸の内を中心に、都内12店舗でレストランを経営。ワインコメントの的確さにはワイン生産者からも絶大な支持を集めている。

最終章

パンシェルジュに期待すること

料理を食べるということは、作っている人の気持ちを食べること

料理評論家・山本益博さん

料理の食べ方を教えてくれた "先生" との出会い

　僕が大学生の頃。たまの日曜日に祖母が、「美家古でも行くかい?」と言って、浅草の「美家古鮨」に連れていってくれるのが楽しみでした。その頃の僕は若くて食べ盛りだったから、寿司屋に行くと、30かんでも40かんでもペロリと食べてしまう。ある日、それを見かねた親方が、「山ちゃん、今度は一人でおいでよ」と声をかけてくれました。

　一人で行ってみると、親方は僕を連れてそば屋に向かいました。「寿司を食わせてくれると思ったのに、そば屋?」と、内心ガッカリしましたよ(笑)。けれども、親方にはちゃんと考えがあったんですね。ざるを2枚注文して、下町ならではのそばの"たぐり"方を教えてくれました。つゆはそば猪口にほんの少しだけ入れる。そばは真ん中から4〜5本だけ箸で持ち上げて先のほうだけさっとつゆにつけて口に運ぶ。そばの切れ端は細かな1本まで残さず味わう。そばの風味より強い香りを持つネギとわさびは、そば湯の時にだけ使う。「そばをいただくということは、おなかを満たす行為ではなく、作っている人の気持ちを食べることなんだ」と、目からウロコが落ちました。

シェフの気持ちを理解しないと批評はできない

　それからは、腹を満たすだけのために料理にがっつくことはせず、シェフ(料理人)の思いを考えながら料理を味わうようになりました。料理とは、頭で考えたものを

手で表現すること。シェフが表現したいものが何なのかを料理から読み取れない
と、シェフの気持ちはわかりません。そのために、おいしかったものは、どこがど
んなふうにおいしかったか、シェフの気遣いがどんな部分に垣間見えたか、すぐに
的確に、熱心に伝えるように努めました。「この人は自分の料理を理解してくれてい
るな」と、シェフに感じてもらうために、必死だったんですね。そうやって一歩ず
つ距離を縮めて、シェフがどんな思いで日々、料理と向き合っているのかを理解し
ないと、批評はまずできません。だから僕は、おいしいものを食べようと思って店
に行くのではなく、作っている人の気持ちが知りたくて、いつも店に行くんです。

知識だけではなく
コミュニケーション能力も必要

　パンシェルジュ検定の資格を取得して、これから料理評論家やパンの専門家を
目指す人は、まずは作っている人に気に入られるお客になることから始めるといい
と思います。気になるお店のパンを食べて、「ここがこんなふうにおいしかった！」と、
すぐにお店の人に的確に伝えること。きちんと味わって、きちんと褒めて、誠心誠
意を込めてお店の方に接していくと、喜んでまたおいしいものを出してくれたり、教
えてくれたりするものです。パンの風味や味を知るだけではなく、そういったコミュ
ニケーションがとれることが、これからのパンシェルジュには必要不可欠だと、僕
は考えています。

Profile
Yamamoto Masuhiro

1948年東京浅草生まれ。料理評論家。"美味しいものを食べるより、
ものを美味しく食べる"をモットーに、食卓をともにする時間を楽
しむ"食時会"や生産者を講師に招いての食材塾を開催。『マスヒ
ロの東京番付』（実業之日本社）、『大人の作法』（ベストセラーズ）、
『味と出会い人と出逢う』（みやび出版）、『人間味という味が、いち
ばん美味しい　料理人名語録』（大和書房）など著書多数。

いつまでも謙虚に貪欲に、
知識と経験を重ねてほしい

プレジデント社編集部長・町田成一さん

『dancyu』の元編集長が、
雑誌で紹介したいパン屋さん

90年代は、技術も含めてより完成度の高いパンが重視されてきましたが、21世紀に入って、技術よりも作り手の伝えたいものが明確に伝わってくる、個性豊かなパンが注目される傾向にあります。

『dancyu』のパン特集でも、誌面に取り上げるお店の基準は、「このパンならこのお店が絶対的においしい！」と強く訴えかけられる個性があることです。発酵方法が独特だったり、小麦粉にこだわっていたり。コロッケパンひとつとっても、コロッケを自分のところで手作りしていると好感度が高くなる。種類がたくさんあることより、きちんと手をかけたおいしいものを提供しているお店を、近年は選んでいます。自信たっぷりの看板商品があるお店もいいですね。間にパン屋さんが2軒あろうが3軒あろうが、そこのパンを買いに行きたいと思わせる商品をひとつでも持っているところは強い。看板商品とは、好きなものを徹底追求した結果、生まれると思うので、パンに対する熱意を感じますよね。

よい距離感を保ちながら、
一緒に成長していけるパン屋さんを見つける

パン屋さんとは成長していくもの。経験を積めば積むほど、味や種類など、新たな提案をしてくれます。パン屋さんとのつきあいの中で嬉しいのは、そういった成長過程を見られるところです。いい客がいい店を育てるといわれるように、客が育つことによって、作り手も負けないようにもっと一生懸命作るようになる。パンシェ

ルジュを目指すのであれば、そうやって一緒に成長できるパン屋さんを、1軒でも2軒でも持てるといいでしょう。

　気をつけなくてはいけないのは、店側とどんなに親しくなっても、必ずよい距離感を保つこと。礼儀を忘れず、決して相手の領域に土足で踏み込まない。僕は編集部のスタッフにも、「あまりベタベタと入り込みすぎないように」と、よく言っています。お店や商品を紹介する立場としては、常に俯瞰して見ることが大切です。

一流のパンシェルジュを目指すために

　パンを紹介するフードライターやパンシェルジュの中でも一流を目指すのであれば、文章力やコミュニケーション能力以外に、分析力も必要になってきます。数あるパン屋さんの中でそのお店がどのくらいの位置づけなのか？　食品業界全体を通してどのような長所を持っているか？　そういったことまで見えるようになれば本物です。店側にもよいアドバイスができるようになるでしょう。

　そして、パンシェルジュ検定の1級を取得しても、決して鼻高々にならず、謙虚に、貪欲に、今後も勉強し続けてほしい。どの業界でも超一流の方は、とても謙虚で誰からでも学ぼうとします。どんなに突きつめても知らないことは必ずあるはずなので、自分にはまだまだ足りないことがあると思って、常に探求してほしい。やればやるほど楽しい、やりがいのある世界だと思うので、ここからまた新たな逸材が生まれることを、期待しています。

Profile
Machida Seiichi

1960年東京生まれ。『dancyu（ダンチュウ）』の創刊より携わり、編集長を経て2012年9月、編集部長に就任。好きな食べ物は、寿司、そば、イタリアン、フレンチ、パン、日本酒、本格焼酎、ワイン、ウイスキーなど。得意料理は、パスタ、カレー、焼きそば、炭火焼きなど。
『dancyu（ダンチュウ）』とは"食こそエンターテインメント"を掲げ、おいしい食べ歩き、料理づくり、素材探しなど、食を楽しみたい人のための月刊誌。毎月6日発売。プレジデント社発行。

みんなが笑顔になるイメージを
いつも心に描いて

北鎌倉 天使のパン・ケーキ・多以良泉己さん
宇佐美総子さん

パンづくりとの出会いで
喜びと希望を見いだせた

　現役の競輪選手として活躍していた頃、大きな事故に遭い、再起不能だと医師に告げられました。両腕は麻痺し、まるで自分の手ではないような感覚。粘土をこねてリハビリをしていたのですが、あまりよい変化を感じられませんでした。そんな時、奥さん（宇佐美総子さん）のすすめでパン生地をこねるようになったのです。パン生地だと、不思議と気持ちが入る。こねた後に、これがおいしいパンになると想像すると、一生懸命になれた。実際、でき上がったパンを奥さんに食べてもらったら、「すごくおいしい！　才能あるよ！」と褒めてもらえて、リハビリの先に喜びと希望を見いだせたのです。「こんなに喜んでもらえるなら、リハビリとしてではなく、誰かのためのパンを焼きたい」と思えるきっかけとなりました。パンと出会えたことに心から感謝しています。パンづくりは今、僕の生き甲斐になっています。

一つひとつに思いをこめて
その人のためだけに手づくりする

「天使のパン・ケーキ」は完全予約制。作る前に奥さんからできるだけ詳しく、お客さまの情報を聞きます。年齢、家族構成、持病、抱えている悩み…。注文書の備考欄に書かれている細かなメッセージをすべて頭に入れて、その人（家族）が笑顔になるイメージを思い浮かべながらパンをこねます。でき上がったパンは、奥さんが手紙を添えて発送してくれます。完全に二人三脚で作業しているので、どちらが欠けても成り立ちません。

一度にひとつのオーダー分だけを作るので、１日数個限定。今や７年半先まで予約がいっぱいです。それだけ長い時間待っていただくので、少しでも納得のいかないパンは発送せず、自分で食べて研究します。そのため、一人の方に送るパンを何度も焼き直すこともあります。２〜３個のパンを同時に作ってみたこともあるのですが、手が行き届かなくて、やはりいいパンになりませんでした。僕のパンは耳がすごくおいしいと言ってもらえます。そこまでまるごと喜んで食べてもらえたという報告を聞くと、絶対に妥協はできません。一つひとつをていねいに作ることが、僕にとっては意味があるのです。

パンに携わる人たちに 幸せになってほしい

　これからパンに携わる方たちには、「このパンを食べた人たちは幸せになる！」という思いを持っていてほしい。パンは時間がかかるけれど、時間や手間を惜しまずていねいに作ると、その分、気持ちが伝わるし、作った人も食べた人も、心が満たされます。食べてもらいたいという気持ち、喜ばせたいという思いが大切なのです。そして、実際に喜んでもらえると、またよいパンを作りたくなる。そうやって、幸せの連鎖が生まれます。日々、成長していく技術も財産になりますし、その技術を子どもたちにも伝えられたらもっとよい輪が広がるのかな、と思っています。これからパンシェルジュを目指す方も、みんなを笑顔にできるイメージをいつも心に描いて、頑張ってほしいです。

Profile　*Taira Mizuki & Usami Fusako*

2005年夏に起きたレース中の事故をきっかけに、北鎌倉の自宅でリハビリを兼ねて身体にやさしいパン・ケーキづくりを始める。心をこめて一度にひとつだけ手づくりして届けられるパンやケーキは、いつしか"天使のパン・ケーキ"と呼ばれるようになり、新聞、テレビ、雑誌など数多くのメディアでドキュメンタリー特集されている。妻の宇佐美総子さんは、司会者としても活躍。パンづくりのようすやリハビリのヒントを描いた著書『幸せをはこぶ天使のパン』（主婦と生活社）は海外でも出版され、二人の思いは世界へと広がっている。http://www.gateaudange.com/

パンを食べることが好きな人、作ることが好きな人、どちらにとっても新しい情報を得ることは必要です。情報をどのように活用して、自分の知識にしていくかを考えてみましょう。

情報を収集する

日々、新しいショップがオープンし、話題のパンが登場します。それらの情報をキャッチするためには、日頃からパンに関する新しい情報がないか、いつも気にしておくことが大切です。

【インターネット】

インターネットは使い方次第で、有益な情報を得ることができます。

・ショップの公式サイト
　新商品の情報、お店のコンセプトなどを正確に知ることができます。

・SNS、ツイッター
　口コミなどの情報が早いのが利点です。上手に利用しましょう。
　また、情報交換の場所としても利用することができます。ネットワークが広がれば、入手できる情報も多くなります。

・個人ブログ
　食べ歩きのブログなど、インターネット上に数多くあります。自分の住んでいる地域のパン情報が多いブログや、自分と好みが合いそうなブログを見つけたら、定期的にチェックしましょう。

・メーカーのサイト
　素材の詳しい情報を得ることができます。商品の通信販売を行っている会社もあるので、試したい素材を手軽に取り寄せることもできます。

【雑誌】

雑誌でパンの特集がされていたら、ど
んなパンが紹介されているか、店構えは
どのような雰囲気かなどをチェックしま
しょう。そして写真や紹介文からイメー
ジを膨らませ、気になるお店には足を運
んでみましょう。

特集されているエリア、注目されている
パンなどから、トレンドの傾向をつかむ
手掛かりが見つかるかもしれません。

作り方が掲載されていると、材料や成形（型）について
も知ることができます。

気になるお店に行ってみる

写真や文章などで、ある程度情報が得られたとしても、実際にお店に行ったり、
食べてみなくてはわからないことが多々あります。お店を訪れた際には、立地条件
やディスプレー、品揃えなどにも注目しましょう。さらに、お店の人がどんな顔で
働いているか、お客さんにはどのような傾向があるかなど、商品だけでなく周りの
環境も見て、気がついたところを書き留めておくとよいでしょう。

そして可能であれば、お店の人と会話をしてみましょう。商品のことを一番よく知っ
ているので、よりおいしく食べる方法や、パンに合う料理などを聞いてみると、新
しい発見があるかもしれません。

どのパンを選ぶのかは、個人の判断となりますが、看板商品などは押さえておきた
いところです。そのためにも、下調べは大切です。

こうして手にしたパンは、味わってみることが大切です。見た目、香り、食感、味
など五感をフルに働かせて、パンを楽しみましょう。しかし、ただ楽しむだけでは
ありません。ここから自分なりに評価をし、意見をまとめることが重要です。

自分なりにまとめる

入手した情報や、実際に体験して得た情報を、自分なりにまとめてみましょう。

ここで大切な作業は、情報の整理です。お店で感じたこと、気がついたこと、パンについての感想など、自分が思ったことを書き留めておき、その結果から自分の意見をまとめていきましょう。

まとめ方に特に決まりはありませんが、そのひとつに、自分で決めたテーマに基づいて記録をしていく方法があります。例えば、付録のオリジナルノートを使って、お店ごとの特徴をメモして整理しておくことも有効です。「バゲット」をテーマにした場合には、その情報からいろいろなお店のバゲットを比較し、店によってどのような違いがあるか、形や色、クラストやクラムのようすなどを観察し、分析してまとめれば、データベースとして、いつでも活用できるようになります。

情報を集め、経験し、まとめる。このことを積み重ねるうちに、パンについての知識と評価する力がつき、人に伝える時にも役立つことでしょう。

パンの世界は奥深く、終わりはありません。
これまで学んできたことをもとに、さらなる探求を続けていきましょう。

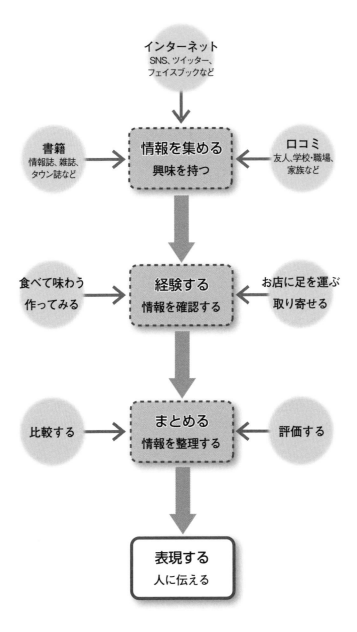

レポート作成について

1級の試験では、マークシート問題に加えて、
レポート作成という課題があります。

出題される課題のテーマは毎回変わりますが、
次のようなテーマが予想されます。

- ■ 2店舗以上のクロワッサンを比較

- ■ チェーン店と独立店の商品の違いについて

- ■ 特定の店舗の商品（3種類以上）について

- ■ 自家製の天然酵母で、気に入った材料と
  その特徴

- ■ よく作るパンのレシピ（材料と作り方）

テーマは試験の2週間前に
パンシェルジュ公式ホームページにて発表されます。
また、個人に発送される受験票にも、
テーマの記載があります。
事前に確認し、試験に備えましょう。

巻末付録

模擬問題

過去に実施されたパンシェルジュ検定で出題された問題を掲載しています。

本番ではこれと同様の形式で80問の選択問題とレポートの作成が課題となります。

ここでは1級テキストに掲載された内容に沿った問題のみを取り上げていますが、

1級の試験は2級合格者が対象となるので、

本書をしっかり把握すると同時に、

3級、2級も含めた総合的な理解が必要でしょう。

パンシェルジュマスター
（1級）

試験

選択式80問・レポート課題
試験時間80分

1. 監督員の指示があるまで、この問題を開いてはいけません。

2. 試験時間は80分です。

3. 試験開始前までに、解答用紙の受験番号欄へ必ず受験番号の下5桁をマークしてください。

   ※受験番号が正しくマークされていない場合は採点されません。

   例・受験番号が03-13-1-06-56789の場合⋯⋯⋯⋯⋯⋯⋯⋯⋯⋯⋯⋯⋯⋯

例

4. 試験時間中は受験票メール（申込詳細）を印刷したものもしくは本人確認書類を

   机の上に置いてください。

5. マークはHB以上の黒鉛筆、またはシャープペンシルで黒くぬりつぶしてください

   （万年筆、ボールペンなどは使わないでください）。

6. 解答は別紙解答用紙の所定の欄に記入してください。

7. 解答欄には、各設問に対して1つだけ解答してください。

8. 誤ってマークした場合は、消しゴムで完全に消してからマークをしなおしてください。

9. 解答用紙に消しくずを残さないでください。

   採点時にマークを正常に読み取れない可能性があります。

10. 解答用紙を折ったり、破ったり、汚したりしないでください。

11. 監督員の指示がある場合を除き、解答用紙の所定欄、問題冊子以外への書き込みはしないでください。

12. 問題の内容については質問できません。

    印刷の不鮮明なところがあった場合は、手をあげて監督員に聞いてください。

13. 不正行為が発覚した場合は、合格認定後でも合格を取り消し、以後の受験をお断りする場合があります。

14. 当検定コンテンツは、著作権法、関連条約・法律で保護されています。問題文および選択肢、画像などの無断転載、無断使用を禁じます。問題冊子や配布物の転売を禁じます。

001　マルセイユ名物「ブイヤベース」によく添えられる、スープに溶かしたり、パンに塗ったりして食べるニンニク風味のソースを何というか。

①アメリケーヌソース
②オランデーズソース
③ベシャメルソース
④アイオリソース

002　次のうち、南フランスの家庭料理「ラタトゥイユ」と相性の良いパンとして適切でないものはどれか。

①パン・ド・ミ
②プンパニッケル
③フィセル
④パン・ド・カンパーニュ

003　ロゼッタやフォカッチャなどのパンが合うイタリアの「サルティンボッカ」はどのような料理か。

①塩漬けした豚のすね肉をハーブとともに煮込んだ料理
②ジビエ（野生鳥獣の肉）にオレンジソースをかけた料理
③仔牛肉などの肉にセージと生ハムをのせてソテーした料理
④鶏などの肉をホワイトソースや生クリームで仕上げる煮込み料理

004　次のうち、北イタリアの料理「バーニャカウダ」のソースには通常使われない食材はどれか。

①ニンニク
②アンチョビ
③ドライトマト
④オリーブオイル

005 　次のうち、イタリア料理の「トリッパとトマトの煮込み」と合わせるとおいしさが引き立つパンのタイプはどれか。

①薄味のパン
②酸味のあるパン
③甘みのあるパン
④塩気のあるパン

006 　ドイツのポテトサラダ「カルトッフェルザラト」は「ロッゲンミッシュブロート」との相性が良いが、この2つに共通する味のポイントは次のうちどれか。

①甘味
②塩味
③酸味
④辛味

007 　次のうち、「イングリッシュブレックファスト」の特徴として適切でないものはどれか。

①ゆっくり時間をかけて食べる
②品数・量ともに多い
③油で揚げたイギリスパンを合わせることも多い
④ヨーロッパ全体に共通する食文化である

008 　次のうち、パンが「付け合わせ」ではなく「料理の食材」という位置づけになる料理はどれか。

①フリカッセ
②ウィンナーシュニッツェル
③フォンデュ
④アイスバイン

009　次のうち、ロシアやその周辺で食べられる料理「ボルシチ」にもよく合う、ウクライナの伝統的な揚げパンはどれか。

①ヘルンヒェン
②パンプーシュカ
③インジェラ
④ブレッチェン

010　次のうち、「ムサカ」などのトルコ料理によく使われる野菜の組み合わせとして正しいものはどれか。

①タマネギとジャガイモ
②キャベツとホウレンソウ
③ニンジンとキュウリ
④トマトとナス

011　インド料理でカレーに合わせて食べられる、精製されていない小麦粉で作る無発酵のパンは何か。

①ナン
②エキメキ
③チャパティ
④ユフカ

012　饅頭（マントウ）と相性の良い中国料理「東坡肉（トンポーロー）」に使われる豚肉の部位は何か。

①バラ肉
②すね肉
③肩ロース
④胃

013　次のうち、身体の調子を整える「調整素」にあたる栄養素はどれか。

①炭水化物
②たんぱく質
③脂質
④食物繊維

014　次のうち、炭水化物に関する記述として間違っているものはどれか。

①体内でブドウ糖となる
②脂溶性ビタミンの吸収を助ける
③「糖質」とも呼ばれる
④人間の活動エネルギー源となる栄養素である

015　次のうち、「ビタミンE」の働きとして正しいものはどれか。

①皮膚や髪、爪を丈夫にする
②カルシウムの吸収を助け、骨や歯を健康に保つ
③抗酸化作用によって、細胞の老化を防ぐ
④血液の凝固作用を正常に保つ

016　栄養豊富な全粒粉だが、強力粉と比較して全粒粉のほうが含まれる
量が少ない栄養素は次のうちどれか。

①たんぱく質
②カリウム
③炭水化物
④脂質

017　パンのトッピングによく使われる次の食材のうち、オレイン酸やビタミン B2、抗酸化成分のポリフェノールなどを多く含むものはどれか。

①ゴマ
②アーモンド
③カボチャの種
④アプリコット

018　日本人の健康維持や生活習慣病予防などのために、食事から摂取するエネルギーの基準として設けられている数値を何というか。

①活動エネルギー必要量
②産熱エネルギー必要量
③摂取エネルギー必要量
④推定エネルギー必要量

019　「体重÷（身長×身長）」という計算で求められる「体格指数」のことをアルファベット 3 文字で何というか。

① BMI
② IMB
③ MBI
④ BIM

020　次のうち、運動によるエネルギー消費によって改善が期待できる生活習慣病はどれか。

①糖尿病
②脳卒中
③脂質異常症
④高血圧

021　花粉症の場合は花粉、卵アレルギーの場合は卵など、アレルギーを
引き起こす原因となる物質を何というか。

①アレルゲン
②ヒスタミン
③ IgE 抗体
④アナフィラキシー

022　食品衛生法では「特定原材料 7 品目」に準ずるものとして表示が望
ましいとされている食品がいくつかあるが、次のうちそれらの食品
に含まれないものはどれか。

①リンゴ
②梨
③オレンジ
④桃

023　次のうち、アレルギー患者向けのパンの代替原料として適切でない
ものはどれか。

①小麦→雑穀粉
②卵→ゼラチン
③牛乳→豆乳
④グルテン→上新粉

024　次のうち、肌の老化の原因となる活性酸素を抑えたい場合に、ビタ
ミンＣと一緒に摂取すると効果的な栄養素はどれか。

①カリウム
②マグネシウム
③カルシウム
④β - カロテン

025　次のうち、全粒粉パン、ライ麦パン、ブドウパンなどのパンや、レ
　　　バー、貝、海藻類を摂ることによって防止が期待できる症状はどれ
　　　か。

　　　①貧血
　　　②便秘
　　　③ニキビ
　　　④口内炎

026　次のうち、パンに使われる食品添加物に関する記述として間違って
　　　いるものはどれか。

　　　①食品への表示義務がある
　　　②発酵を助けたり、焼き色をよくしたりする
　　　③「プロピオン酸」はビタミンCのことである
　　　④食品衛生法で使用が規制されている

027　次のうち、パンに使われる食品添加物「炭酸水素ナトリウム」の働
　　　きとして正しいものはどれか。

　　　①食品の変色や風味の劣化を防止する
　　　②膨張剤として使われ、焼き菓子などを膨らませる
　　　③イーストの活性をあげて発酵を促す
　　　④カビや特定の細菌の発育を阻止し保存性を高める

028　次のうち、「食事バランスガイド」で、バランスよく食事をとるた
　　　めの5つの料理区分に含まれていないものはどれか。

　　　①副菜
　　　②牛乳・乳製品
　　　③果物
　　　④無機類

029

次のうち、フランスパンに関する記述として間違っているものはどれか。

①フランスパンはリーンなパンの代表格である
②「パン・トラディショネル」のフランスパンは棒状の形である
③家庭でのフランスパンづくりには発酵種法を用いるとよい
④全粒粉やライ麦粉を混ぜたものはフランスパンとは呼ばない

030

名前の意味は「ひも」、生地量は 120g、サイズは 18cm というフランスパンは何か。

①クッペ
②フリュート
③ブール
④フィセル

031

小形の丸い生地の上にのった薄い生地がキノコのかさのように見え、「キノコ」という意味の名前がつけられた、パン・ファンテジーのパンは何か。

①シャンピニオン
②エピ
③フォンデュ
④タバチュール

032

次のうち、フランスパンの「発酵生地」に関する記述として適切でないものはどれか。

①発酵生地の材料は、小麦粉、水、塩、ドライイーストである
②発酵生地を冷蔵庫で発酵させる際は、ポリ袋に入れて十字にひもをかける
③発酵生地は、完成後、冷蔵庫で 1 カ月保存できる
④本生地づくりに際して、発酵生地は早めに室温におき、18 〜 20℃で使う

033　次のうち、フランスパンの「本生地」に配合するモルトの働きとして適切なものはどれか。

①ガス保持力を強化して釜伸びを助ける
②発酵を促し、よい香りと焼き色を付ける
③生地中のグルテンを引き締めて強固にし、生地に弾力を持たせる
④可塑性を高め、成形をしやすくする

034　次のうち、フランスパンの生地の特徴に関する記述として適切でないものはどれか。

①油脂が入らない生地で乾燥しやすいため注意が必要である
②イーストが少なく、主材料のみなので、熟成の進行がデリケートである
③コシの強さは発酵時間で調整することができる
④生地が常にダレやすいので温度と時間の管理に気をつける

035　次のうち、フランスパンの「バタール」の成形（型）の手順として正しい順に並んでいるものはどれか。

①上下に折り返す→横長の楕円に押し伸ばす→芯を作る→長さ約40cmに形を整える
②上下に折り返す→芯を作る→横長の楕円に押し伸ばす→長さ約40cmに形を整える
③横長の楕円に押し伸ばす→上下に折り返す→芯を作る→長さ約40cmに形を整える
④横長の楕円に押し伸ばす→芯を作る→上下に折り返す→長さ約40cmに形を整える

036　次のうち、フランスパンの最終発酵の方法として適切なものはどれか。

①室温で発酵させる自然発酵
②湯せんで発酵させる湯せん発酵
③冷蔵庫で発酵させる低温発酵
④オーブンで発酵させるオーブン発酵

037　フランスパンの「バタール」に入れるクープの数は何本か。

① 1 本
② 2 本
③ 3 本
④ 4 本

038　次のうち、フランスパンの焼成に関する記述として間違っているものはどれか。

①シャンピニオンの焼成は、200℃・15 分で行う
②バタールはクープを入れた後、少し生地を寝かせてから焼成する
③オーブンの予熱の際は、天板も一緒に予熱するとよい
④焼成の際、蒸気を注入することにより、クラストにツヤが出る

039　次のうち、クロワッサンづくりに関する記述として正しいものはどれか。

①生地を 25℃、75％、20 分で一次発酵後、すぐにバターシートを折り込む
②伸ばし三つ折りの作業はキャンバスの上で行う
③最終発酵は生地が約 2 倍になるまでじっくり発酵させる
④焼成は表面をカリッとさせたいので蒸気注入が有効である

040　次のうち、強力粉 100％の粉がクロワッサンに向かない理由として正しいものはどれか。

①生地が薄く伸ばしにくく、かたいクロワッサンになるから
②油脂の多い生地には向かないから
③クロワッサン独特の香りが出ないから
④クロワッサンの発酵条件に合わないから

041　次のうち、クロワッサンの生地づくりで、一次発酵に入る時の生地のグルテン膜の状態として正しいものはどれか。

①薄めで、切れにくい状態
②薄めで、やや切れやすい状態
③厚めで、切れにくい状態
④厚めで、やや切れやすい状態

042　次のうち、クロワッサンの生地を伸ばす際のポイントとして適切でないものはどれか。

①打ち粉は足りないときに少しずつ足していく
②めん棒は生地の左端から右端まで左右に往復させてかける
③めん棒をかけ、角を出しながら寸法まで伸ばす
④めん棒をかける回数はなるべく少なくする

043　次のうち、クロワッサン生地を成形（型）する際に、生地を寸法よりも少し大きめにしておくとよい理由として正しいものはどれか。

①最後に端を内側に巻き込むから
②層を出すため、生地のふちを切り落とすから
③最終発酵でガスを抜きやすくなるから
④焼成すると生地が縮むから

044　次のうち、クロワッサンの焼成時に層ができるしくみに関する記述として正しいものはどれか。

①表面に塗った卵が膨張して、外側にふくらむ
②生地中のたんぱく質が分かれて重なり合う
③バターの水分が沸騰し気化することで生地が浮き上がる
④塩と砂糖が生地中に溶け出し、空洞をつくる

045　ライ麦パンは大きく2つに分けられるが、それは小麦粉混入率が低い「ヨーロッパ系」と、小麦粉混入率が高い何系か。

①ロシア系
②カナダ系
③トルコ系
④アメリカ系

046　次のうち、ライ麦パンに欠かせない「サワー種」の役割として正しいものはどれか。

①含まれる乳酸菌が、パンの保存性を高める
②でんぷんの固化を防いで、パンの弾力性を増す
③メイラード反応を起こして、パンに焼き色をつける
④アミラーゼの働きを助け、発酵と熟成を促進する

47　家庭でサワー種を作る場合、ライ麦粉・ドライイースト・水を混ぜて、およそ何時間おけばサワー種が完成するか。

①1〜2時間
②6〜8時間
③16〜24時間
④48〜72時間

048　次のうち、ライ麦パンに、焼成前にクープを入れる目的として適切ではないものはどれか。

①火通りをよくする
②クラムをやわらかくする
③表面に模様をつける
④釜伸びを促す

049　次のうち、ライ麦パンの材料が投入される順に正しく並んでいるものはどれか。

①塩→サワー種→砂糖→無塩バター
②サワー種→砂糖→塩→無塩バター
③無塩バター→塩→サワー種→砂糖
④砂糖→塩→サワー種→無塩バター

050　次のうち、ライ麦パンの一次発酵の条件として適切なものはどれか。

① 27℃、75%、50分
② 32℃、60%、30分
③ 37℃、75%、50分
④ 42℃、60%、30分

051　次のうち、ライ麦パンのファイゲヌスの成形（型）に関する記述として間違っているものはどれか。

①ベンチタイム終了後の生地は、とじ目を上にして平らにする
②コッペ形のボリュームが出るよう、生地の手前を左右から折り込む
③成形（型）が終わったら、とじ目を下にして天板に並べる
④仕上げとして表面にハケで水を塗り、ライ麦粉をまぶす

052　次のうち、ライ麦パンのファイゲヌスに入れるクープの形として正しいものはどれか。

①葉っぱの表面のような形に入れる
②長めの十字を入れた後、その間に短いクープを入れる
③3本の線を、3分の1ずつ重なるように斜めに平行に入れる
④同心円状になるように入れる

053　ライ麦粉のパンの焼成は小麦粉のパンの焼成と比べて、温度・時間の点でどのような特徴があるか。

①温度：低温、時間：短め
②温度：低温、時間：長め
③温度：高温、時間：短め
④温度：高温、時間：長め

054　次のベーカリーで使う業務用オーブンのうち、間接的に火を通す石床のある「石窯タイプ」が向いているパンはどれか。

①食パンやロールパン
②フランスパンやライ麦パン
③ナンやトルティーヤ
④菓子パンやクロワッサン

055　次のうち、フランスの小麦に関する記述として間違っているものはどれか。

①小麦の自給率は100％である
②小麦粉は、灰分量によって分類されている
③産地によって品質に差がある
④チョリーウッド製法が利用されている

056　次のうち、世界有数の小麦の生産国である中国で、小麦の主な産地となっている地域はどこか。

①長江南部
②黄河北部
③南部沿岸
④黒竜江周辺

057　次のうち、小麦の価格変動に関する記述として適切でないものはどれか。

①小麦の国際価格は、世界的な小麦の需要の高まりなどによって高騰しつつある
②小麦の国際価格は、品種改良による生産量増により下落しつつある
③小麦の国際価格は、異常気象や自然災害などの影響を受ける
④小麦の国際価格を決めているのは、シカゴ・マーカンタイル取引所である

058　次のうち、世界の飢餓の状況を表す「ハンガーマップ」のもととなる数値「世界飢餓指数」を定めた国連の専門機関はどれか。

①世界食糧計画
②国際農業開発基金
③国際連合食糧農業機関
④世界保健機関

059　次のうち、「緑の革命」で小麦の生産性が飛躍的に向上した一方で指摘されている問題点として正しいものはどれか。

①食糧の多くを小麦に依存するようになり、米の生産量が激減した
②小麦の在来品種の絶滅を招いた
③生産量増加により小麦の価格破壊を引き起こした
④大規模農家に収入が集中し、農業人口の低下を招いた

060　特定の病気や害虫に対応するなどの品種改良を行った「遺伝子組み換え作物」のことを、アルファベット3文字で何というか。

① GSK
② GMO
③ GPD
④ GOT

061　小麦の生産性を向上させた「緑の革命」に貢献した、日本の「農林10号」とメキシコ品種との交配で開発された品種は何か。

① Bevor14 系
②ゲインズ
③フルツ達磨
④ターキーレッド

062　次のうち、日本の食生活の年代による変化についての記述として正しいものはどれか。

① 1980 年代は炭水化物の摂取が不足している
② 1965 年と 2009 年とではたんぱく質の摂取が大きく伸びている
③脂質は各年代を通してほぼ変化がない
④たんぱく質は植物性から動物性のものへと変わってきた

063　次のうち、「地産地消」に期待される効果として適切でないものはどれか。

①農業のガラパゴス化
②環境負荷の低減
③食糧自給率の向上
④地方・地域の活性化

064　フード・マイレージを算出する以下の計算式で、【？】に入るものは何か。フード・マイレージ＝輸入相手国別の食糧輸入量×【？】

①消費者に届くまでにかかるコスト
②食糧がもつ熱量（カロリー）の総量
③輸出国から日本までの輸送距離
④食品ロスとなる食糧の割合

065

次のうち、パンショップの経営形態で、「リテイルショップ」にあたるものはどれか。

①インターネットで販売する個人のパン店
②店内で一貫生産するショップを複数展開する企業
③ケータリングサービスを主に行うショップ
④パンも販売するコンビニエンスストア

066

店舗の立地条件で重要な 3 つのポイント「面・線・点」で、次のうち「面」が意味するものはどれか。

①店の間口の広さがどのくらいか
②商圏内にターゲットとなる客層が十分いるか
③車や電車などの交通の便が良いか
④店の賃料や光熱費などのコストが適切か

067

店舗の内装・外装工事の費用は、1 坪あたりでおおよそどのくらいの金額が一般的とされるか。

① 5 〜 10 万円
② 15 〜 25 万円
③ 35 〜 50 万円
④ 70 〜 100 万円

068

次のうち、減価償却に関する記述として間違っているものはどれか。

①減価償却とは、一定期間、設備投資を経費として認めるという考え方である
② 2007 年からは、備忘価格を 1 円までとする定額法が認められるようになった
③従来、残存価格は 10%と定められ、さまざまな償却方法があった
④減価償却の償却期間は申請者が自由に決めることができる

069

保健所に申請して取得する、パンショップの開店に基本的に必要な
営業許可の種類は何か。

①飲食店営業
②菓子製造業
③食料品等販売業
④製菓材料等製造業

070

次のうち、「歩留まり」の説明として正しいものはどれか。

①営業利益が出せる最低ラインの販売個数のこと
②仕入れにおいて、問屋に注文できる単位のこと
③材料を使って商品を作る場合、実際に商品に使われた量のこと
④原料だけでなく人件費などの経費を考慮した原価率のこと

071

次のうち、「在庫回転率」の計算式として正しいものはどれか。

①売上高÷原価
②売上高÷在庫金額
③在庫金額÷純利益
④原価÷売上高

072

次のうち、「労働分配率」の計算式として正しいものはどれか。（た
だし中小企業庁方式によるものとする）

①人件費÷付加価値×100
②売上高÷従業員数×100
③生産量÷売上総利益×100
④生産高÷外部購入費×100

073　利益を表す各種表記のうち、売上高から製造原価を除いたものを何というか。

①純利益
②売上総利益
③営業利益
④経常利益

074　次のうち、「売上高 100 万円で原価 20 万円（＝売上総利益率 80％）、毎月の経費が 65 万円」というショップの損益分岐点として正しいものはどれか。

① 65 万 1500 円
② 74 万 3500 円
③ 81 万 2500 円
④ 96 万 8500 円

075　事業を改善していくための、計画・実行・評価・改善のサイクルのことを、各段階を表す 4 つの英単語の頭文字をつなげて何というか。

① ADHC サイクル
② PDCA サイクル
③ DPLA サイクル
④ CAPL サイクル

076　日本の和食系の飲食店などで、一定期間働いた従業員を独立させ、仕入れを共通化するなどして、本店との関係をゆるやかに保つという制度を何というか。

①ひさし分け
②かんばん分け
③ちょうちん分け
④のれん分け

077　「パンシェルジュ」は「パン」と「コンシェルジュ」を合わせた言葉だが、次のうち「コンシェルジュ」に関する記述として間違っているものはどれか。

①コンシェルジュはもともとは駅の案内係のことである
②コンシェルジュは「建物の門番」という意味の言葉である
③コンシェルジュの国際組織「レ・クレドール」はフランスで設立された
④コンシェルジュは常に「おもてなし」の心を持ってサービスに務める

078　「ホスピタリティ」の語源になった「ホスペス」は、もともとラテン語で何という意味の言葉か。

①宗教の伝道者
②酒屋の主人
③旅人の保護者
④病院の医師

079　次のうち、表現がやわらかくなる言い換えとして適切なものはどれか。

①よろしいでしょうか→よろしかったでしょうか
②お名前をいただけますか→お名前さまをいただけますか
③お待ちください→お待ちいただけますか
④こちらメロンパンです→こちらメロンパンのほうです

080　接客において表現をやわらかくする「おそれいりますが」「お手数ですが」などの言葉を何というか。

①リピート言葉
②クッション言葉
③サービス言葉
④コンタクト言葉

レポート課題

下記①〜③のテーマのうち、ひとつを選んでレポートを作成してください。
（最大400〜500字程度まで、事前作成持込不可）

①ショップレポート
カフェブームですが美味しいコーヒー、紅茶に合わせたいパンのメニューと、選んだ理由
をレポートしてください。

②レシピ
低糖質のパンのニーズが増えてきています。
あなたが興味をもっているその食材（材料）と、その理由を教えてください。

③フードコーディネート
パンを美味しく食べる工夫について、あなたが心掛けていることを教えてください。

＜レポート課題解答欄は、解答用紙の裏面にあります。＞

解　答

問題番号	答え	参照ページ
001	④	p13
002	②	p15
003	③	p17
004	③	p18
005	①	p19
006	③	p21
007	④	p23
008	③	p24
009	②	p26
010	④	p27
011	③	p29
012	①	p30
013	②	p36
014	②	p37
015	③	p39

問題番号	答え	参照ページ
016	③	p41
017	②	p43
018	④	p44
019	①	p45
020	③	p47
021	①	p48
022	②	p50
023	②	p51
024	④	p52
025	①	p53
026	③	p54
027	②	p55
028	④	p56
029	④	p64
030	④	p64

解　答

問題番号	答え	参照ページ	問題番号	答え	参照ページ
031	①	p65	046	①	p87
032	③	p66	047	③	p88
033	②	p67	048	②	p90
034	④	p69	049	④	p91
035	③	p71	050	①	p93
036	①	p73	051	④	p95
037	③	p74	052	①	p97
038	②	p75	053	④	p97
039	③	p78-85	054	②	p101
040	①	p77	055	④	p110
041	④	p79	056	②	p111
042	②	p81	057	②	p112
043	②	p82	058	③	p118
044	③	p83	059	④	p120
045	④	p86	060	②	p121

問題番号	答え	参照ページ	問題番号	答え	参照ページ
061	①	p123	076	④	p159
062	④	p125	077	①	p164
063	①	p126	078	③	p166
064	③	p127	079	③	p169
065	④	p134	080	②	p171
066	②	p137			
067	③	p138			
068	④	p141			
069	②	p142			
070	③	p143			
071	②	p146			
072	①	p150			
073	②	p152			
074	③	p153			
075	②	p156			

や

ら

ま

写真提供

アマナイメージズ、PPS通信社、ペイレスイメージズ、㈱オシキリ、日仏商事㈱、
PANA通信社、三洋電機㈱、WFP、熱帯森林保護団体、元祖横浜カレーパン、
ゲッティイメージズ

参考文献

『グルメのためのトゥール・ド・フランス』フランス料理文化センター／六甲出版
『私のインド料理』レヌ・アロラ／柴田書店
『パンの基本大図鑑』エコール辻 大阪／講談社
『チーズ辞典』村山重信監修／日本文芸社
『ロシアの郷土料理』荻野恭子著／東洋書店
『イチバン親切なフランス料理の教科書』川上文代著／新星出版社
『いちばんやさしいイタリア料理』長本和子監修／成美堂出版
『イタリア料理の基本Ⅱ』片岡譲著／新星出版社
『新版イタリア料理教本』吉川畝明著／柴田書店
『世界三大料理の魅惑のレシピ 家庭で作れるトルコ料理』荻野恭子／河出書房新社
『野田シェフのドイツ料理』野田浩資／里文出版
『世界の家庭料理を楽しむ本』牧野哲大／家の光協会
『オールガイド5訂増補食品成分表2011』／実教出版編集部
『図解でわかる からだにいい食事と栄養の大事典』本田京子監修／永岡書店
『パンの基本大図鑑』大阪あべの製パン技術専門カレッジ／講談社
『新しい製パン基礎知識 再改訂版』竹谷光司著／パンニュース社
『手作りパン 学習ノート』／ホームメイド協会
『パンの事典 おいしいパンのある幸せな生活』／成美堂出版
『おいしいパンの教科書』ホームメイド協会／主婦と生活社
『バゲットの技術』／旭屋出版
『フランスパン・世界のパン本格製パン技術—ドンクが教える本格派フランスパンと世
界のパン作り』ブランジュリーフランセーズドンク／旭屋出版
『フィリップ・ビゴのパン』フィリップビゴ著／柴田書店
『伝説コンシェルジュが明かすプレミアムなおもてなし』前田佳子著／ダイヤモンド社

Shop Data

お店の情報

Date ．　　　．

Name/店名

Access/最寄り駅

Phone/電話

Open/営業時間　　：　　～　　：　　　，定休日

Cafe/喫茶併設　あり・なし　　Order/お取り寄せ　あり・なし　　Card/カード使用　可・不可

Information/情報　　HP・ブログ・twitter

Others/その他

Check Point

▌お店の雰囲気 ⋯⋯⋯⋯ 🍞🍞🍞　　▌パンの並べ方・ディスプレー 🍞🍞🍞

▌味と値段のバランス ⋯ 🍞🍞🍞　　▌厨房設備 ⋯⋯⋯⋯⋯⋯⋯ 🍞🍞🍞

▌ラッピング ⋯⋯⋯⋯ 🍞🍞🍞　　▌サービス・接客 ⋯⋯⋯⋯ 🍞🍞🍞

総評

Pan Data
パンの情報

Name / 商品名

Check!

□ パンのタイプ

□ 材料・素材

□ 味・焼き色

□ 形

□ 値段

感想

Name / 商品名

Check!

□ パンのタイプ

□ 材料・素材

□ 味・焼き色

□ 形

□ 値段

感想

Name / 商品名

Check!

□ パンのタイプ

□ 材料・素材

□ 味・焼き色

□ 形

□ 値段

感想

総監修：株式会社ホームメイドクッキング

「手づくりで『食の安全と健康』を広めること」をテーマに、1973 年創設以来、基礎となる技術と素材にこだわった、パンづくりほか多数のコースを全国の教室で展開しています。
https://www.homemade.co.jp/

監　修：田中伶子（1章）、服部栄養専門学校（2章）

装丁：坂井栄一（坂井図案室）
本文撮影：木藤富士夫
撮影協力：バンビーノ、スターケバブ、アールティ
スタイリング：高 浩美（1章）
執筆：1章／高 浩美、2・4章／斉藤ようこ、3章／岡本けい子、5章／山川茂宏、高木 仁（経営創研株式会社）、6章／長谷川真知子（浜松大学教授）、最終章（取材）／高橋さやか
編集：ジーグレイプ株式会社
編集協力：歳嶋正子
※本書は『パンシェルジュ検定1級(マスター)公式テキスト　改訂版』（2015 年小社刊）のカバーデザインと模擬問題を新しくして発刊したものです。どちらの本を検定対策としてお使いになられても問題はありません。

パンシェルジュ検定　1級公式テキスト　改訂新版

2023 年 2 月 10 日　初版第 1 刷発行

総監修：ホームメイドクッキング

発行者：岩野裕一

発行所：株式会社実業之日本社

　　　　〒 107-0062　東京都港区南青山 5-4-30

　　　　emergence aoyama complex 3F

　　　　電話【編集・販売】03-6809-0495

　　　　https://www.j-n.co.jp/

印刷・製本：大日本印刷株式会社

ⓒ HOME MADE COOKING 2023　Printed in Japan

ISBN978-4-408-42126-1（書籍管理）